VICENT MOLINS

CIUDAD *CLICKBAIT*

CUANDO BUSCAR CASA EN TU CIUDAD SE VOLVIÓ UNA PESADILLA

Una crónica sobre por qué las ciudades españolas acabaron pensando más en el turismo de masas que en sus propios vecinos

BARLIN LIBROS
PENSAMIENTO AL MARGEN

Primera edición: enero 2025

Dirección editorial:
Alberto Haller

Publicado por:
Barlin Libros
Avda. Baleares, 61-20
46023, Valencia

Thema: JB
ISBN: 978-84-128892-8-4
Depósito legal: V-4378-2024

editorial@barlinlibros.org
www.barlinlibros.org

Tabla

Muchas ciudades españolas, muchos vecinos y medios se han despertado alertados por un exceso de turistas y por un bloqueo en el acceso general a la vivienda, con múltiples repercusiones a pie de calle: desde el mercado inmobiliario a la despersonalización de los centros históricos. Fruto de esa alerta se piden reacciones inmediatas y se desarrollan correlaciones facilonas.

Parece olvidarse que parte de este fenómeno tiene que ver con procesos adheridos a la digitalización de nuestras vidas y que han convertido a los visitantes en algo más que la mejor receta económica: en una recompensa identitaria. Un chute de adrenalina y reconocimiento. Ciudades en crisis por la reestructuración de sus sistemas productivos y ciudades que buscaban estar de moda aplicando la misma fórmula: las cifras récord de visitantes como *likes* para la autoestima. Un remedio medible, visible y que procura efectos eufóricos y permite disimular o aplazar los problemas propios.

Es una evolución en la que los *clicks*, los algoritmos y el *scrolling* juegan un papel relevante. En algún momento de los últimos treinta años nuestras ciudades tuvieron que elegir entre valor y volumen: fortalecer sus comunidades o estimular el tráfico, a cualquier precio.

Por eso cuando hablamos de turismo y de un nuevo récord en la cifra de visitantes debemos atender a dinámicas que van más allá de lo productivo. Se trata, también, del control de la narrativa.

«Me pone nervioso que intentemos reducir Barcelona a una marca (...) Una marca es una simplificación: trata de sintetizar una cuestión compleja para ponerse en el mercado y ser comprada (...), pero una ciudad es una cosa muy compleja, con millones de necesidades distintas».

Toni Segarra, considerado el publicista español en activo más relevante

«Lo que está ocurriendo es básicamente una separación entre los medios nacionales y los medios locales (...) las economías de escala básicamente pueden sostener a los medios nacionales en Estados Unidos.

El problema es que los medios locales no se benefician de esas economías de escala. Así que creo que los problemas que afronta el periodismo local son un desafío muy distinto y profundo».

A. G. Sulzberger, editor del *New York Times*

«Tenemos que ser conscientes de que cuando vendes un producto, la Coca-Cola por ejemplo, lo haces para vender el máximo número de coca-colas. Cuando promocionas Barcelona, intentas vender la ciudad al máximo número de gente».

Joan Gaspart. Fue presidente de Turisme Barcelona

Contar historias sobre nuestros lugares y la relación con ellos es uno de los combustibles de su propio desarrollo.

Qué contamos sobre los sitios donde vivimos no debería ser poca cosa. Esos mitos es complicado que desaparezcan, pero es relativamente fácil que se alteren.

Las ciudades, tras un enorme cambio en sus coordenadas a partir del consumo digital, están contándose con narraciones *alrededor de un fuego*.

Pero ¿y si esos relatos que aparentemente hablan de nuestras ciudades en realidad estuvieran prescindiendo de ellas? ¿Y si en lugar de en torno a un fuego nos alumbramos con miles de luces navideñas encendidas para que nuestras ciudades luzcan ante sus usuarios potenciales?

I

Todo por el *click*
El éxito de la ciudad española es su audiencia

Acciones rimbombantes y titulares llamativos que ponen al ciudadano en un rincón. La persecución de *likes* provoca un reemplazo: primero, quienes visitan; después, quienes habitan. Cuando la ciudad se comporta como aspirante a *influencer*. ¿Qué lo motiva? ¿Cómo hemos llegado hasta aquí?

Rodin

Santa Cruz de Tenerife firmó un contrato de 16 millones de euros con el Museo Rodin de París. A través de esa operación, iba a adquirir 68 esculturas de bronce de pequeño o mediano formato, producidas recientemente o todavía por producir. Las iba a exhibir en el renovado edificio neogótico del parque Viera y Clavijo.[1] Es una de esas obviedades que, por tenerlas delante de nuestras narices, apenas reparamos en ellas: ¡cómo Santa Cruz no iba a contar con su Museo Rodin teniendo en cuenta los *lazos* entre Rodin y Tenerife!

Rodeados como estamos de agoreros, el proyecto municipal chocó con los profesionales del arte. Hasta tres mil firmantes de toda España, incluyendo a la Universidad de

1 Vozmediano, Elena. (2022). «El "affaire" Rodin. Los museos vienen de París». *El Español.* [En línea]. [27 de diciembre de 2022].

La Laguna, calificaron el trato de engañoso y pidieron que se diera marcha atrás. ¿Cuál era el sentido museográfico de la operación? ¿Cuál era la relación vernácula entre Rodin y Tenerife? (Sorpresa: ninguna). ¿De qué manera las 68 obras iban a contribuir al desarrollo artístico de la ciudad? Son preguntas que se hacían los expertos y que todas ellas resultan innecesarias frente a una evidencia: la del *clickbait*, ese titular sensacionalista que aspira a situar a Tenerife como un lugar cumbre en la creación de Rodin. Una ficción, sí, pero también un nuevo mito con el que Santa Cruz captaría la atención de los demás.

Con la llegada y auge de la polémica, la directora de la institución francesa estimó finalmente que no se daban las condiciones oportunas para cerrar la operación. El problema de la alcaldía de Santa Cruz, su falta de pericia, estuvo en la sofisticación. El acuerdo no es que se fuera al traste por ser muy caro o por estar exento de coherencia. Se fue al traste porque era esnob.

El alcalde de Vigo había aprendido esa lección hacía mucho tiempo. La ciudad que dirige es un caso paradigmático de la dinámica natural de las polillas hacia la luz. Vigo encaja con el patrón de ciudad media posindustrial buscando, desconcertada, su lugar en el mundo. La crisis de las actividades industriales removió las estructuras del sistema urbano. Su burguesía local había cambiado la inversión en industria por el ladrillo, una apuesta mucho más segura que reflejaba la desconfianza en los medios de producción.[2] La ciudad acabó terciarizándose. Un guion de manual.

Abel Caballero se sabía bien la teoría. Había entendido la importancia de que ciudades como la suya tuvieran un *electroshock* de autoestima, que encontraran un motivo

2 Martínez, M. et al. (2003). «Mutaciones del asociacionismo en una ciudad postmoderna». *Zainak*. [En línea].

con el que congraciarse con su municipio. A partir de las enseñanzas *warholianas* de atención mediática, el alcalde, antes que TikTok, eligió convertir a Vigo en embajadora del LED. Hasta 11 millones de luces para proclamarse capital mundial de la Navidad.

La transformación del alcalde —léase: «La historia de cómo Abel Caballero pasó de ser un tecnócrata a Papá Noel»—[3] se ajustaba a las propias necesidades de supervivencia de la urbe gallega. Un alcalde *alter ego*. El político aburrido, considerado en los ochenta como un «soberbio teórico de la economía», doctor por Cambridge. Una eminencia que, en cambio, había dejado de brillar, que no ganaba elecciones. Caballero, descabalgado, decidió que para ser popular debía construir un anzuelo inmenso: las luces, la navidad, el brilli-brilli.

El autor del tratado *La crisis de la economía marxista* vio antes que nadie que transformar la narrativa transformaba la percepción: un mito para superar esta otra crisis, la de las ciudades en la órbita global. ¿Que entregar el relato vigués al señuelo luminoso suponía rebajarse a lo grotesco, limitar el mensaje al de una feria de atracciones? No entremos en detalles, peor es no hacer nada. Lo importante era su eficacia, su sencillez. Empoderar a la población a partir de un objetivo: gustar para atraer. Recibir a visitantes, o dar apariencia de ello, como quien prepara su próxima publicación en la red pensando en cómo ser viral.

Cuanto más se fijara Vigo en las luces, menos estaría atendiendo a todo lo que ocurría cuando el interruptor las apagaba. «Estamos en julio, pero ya es Navidad en Vigo», anunciaba el alcalde, sudoroso.[4]

---

3 Prieto, Carlos. (2021). «La historia de cómo Abel Caballero pasó de ser un tecnócrata a Papá Noel». *El Confidencial.* [En línea]. [28 de octubre de 2021].
4 Caballero, Abel (2023). «Estamos en julio, pero ya es Navidad en Vigo». *La Voz de Galicia*. [En línea]. [7 de julio de 2023].

La prueba de cargo de cómo nuestras ciudades dejan de hablar de la ciudadanía, para personarse como aspirantes a *influencers*, puede sentirse en los imitadores que le han salido a Vigo. El alcalde de Badalona, con actitud *wannabe*, había anunciado que su ciudad tendría el árbol de luz más alto de España, con 40 metros de altura y 15 de diámetro. Ante ese desafío Vigo contraatacó anunciando que el suyo se auparía hasta los 40,5. Abel Caballero se despertaba de madrugada entre más sudores. Pero Badalona no se achantó y su alcalde García Albiol, que mide dos metros, prometió tener «el árbol de Navidad más alto, aunque tenga que subirme yo».[5] Caballero zanjó el duelo declarando que «Vigo solo compite con Nueva York».

Lo de Nueva York venía a cuenta de una amenaza previa. Caballero había advertido a su homólogo, al poco de ganar sus elecciones: «Que se prepare porque va a ver el resplandor de las luces de Vigo», dijo en modo chulito, aunque muy injusto: en Vigo —y en las imitaciones posteriores— el despliegue de bombillas corría a cargo de las arcas públicas, mientras que, en Nueva York, todo el engranaje navideño lo pagaban corporaciones y asociaciones de comerciantes. El transporte del árbol del Rockefeller Center, como ejemplo, suele costearlo el grupo inmobiliario Tishman Speyer.[6]

El pique entre Caballero, Albiol y Nueva York puede parecer un diálogo cómico, un intercambio repleto de campechanía, pero es el epicentro mismo de sus estrategias narrativas. «Queremos demostrar la importancia de Badalona», anunció Albiol en su comunicado, a propósito del

5 Velasco, Luis; Pontevedra, Silvia R. (2023). «Abel Caballero responde al desafío de Badalona a su Navidad: "Vigo solo compite con Nueva York"». *El País*. [En línea]. [15 de septiembre de 2023].
6 Balaguer, Esperanza. (2023). «Por qué no tiene sentido comparar las luces navideñas de Vigo con las de Nueva York». *Icon*. [En línea]. [24 de diciembre de 2023].

árbol gigante. No eran proclamas lanzadas ingenuamente, iban en serio. Vamos a comprobarlo.

Click

Un compromiso colectivo, una promesa sencilla. En gran parte de nuestras ciudades la oferta se genera aunque no haya atisbos de demanda. Aunque no venga nadie, la ciudad —que es un poema puesto de pie, como dijo Lorca de las obras de teatro—[7] se engalana para mostrarse como un destino atractivo. ¿Lo hace por deseo económico? Sí, claro: ante la sequía en sus fuentes de ingresos aspira al maná, al crecepelos que aterriza en *lowcost,* al documento de Excel cargado de filas que proyecta nuestro propio cuento de la lechera. Es la economía —como demuestran buenas aportaciones recientes: *La fàbrica de turistes,* de Ramon Aymerich; *El malestar de las ciudades* de Jorge Dioni; *La burguesía catalana,* de Manel Pérez—, pero no es solo la economía. O mejor: la economía forma parte de un cuadro clínico. Hay un cambio en la psique que es consecuencia, pero, también parte, de un nuevo mito. Interpela al conjunto de los ciudadanos en una obra que nos incluye, aunque nos acabe haciendo a un lado. Nuestra ciudad —la mía, la tuya, la de los demás— se ejercita duro para parecer *sexy,* una perita en dulce. El hecho de atraer concita más excitación que residir. Gustar antes que habitar.

Aparentemente no pasa nada cuando *solo* se practica la ciudadanía, a diferencia de ese *je ne sais quoi* de cuando nuestra ciudad está de moda y, de manera coral, nos sentimos parte de algo importante. Es la épica competitiva de lograr recompensas, superar un nuevo récord en la liga de

7 Fanjul, Sergio C. (2023). «Jon Fosse, premio Nobel de Literatura: "Prefiero vivir de la manera más aburrida posible"». *El País.* [En línea]. [06 de diciembre de 2023].

las ciudades. La gamificación de la vida entre capitales. Siguiente pantalla.

Un sesgo extendido según el cual, para determinar el éxito de un lugar, conviene calibrar a peso sus visitantes. Un séquito de urbes aspirantes buscan desesperadamente pavonearse para obtener su cuota de atención, su espacio de mercado. Hazme caso. El objetivo no es solo mejorar los datos turísticos para engordar el negocio, sino convencer a la propia ciudadanía de que su bienestar depende de esas cifras. Es una apelación al ego que nos conecta con nuestra identidad como habitantes de un lugar: de ahí el reto de obtener el reconocimiento externo. La ciudad para quien hace *click* en ella.

Y del *click,* al *clickbait.* El anzuelo, el titular fulero, la treta para que se fijen en tu contenido, aunque para ello (ups) haya que alterar la realidad. Para Wikipedia, el neologismo en inglés hace referencia peyorativa a aquellos mensajes en internet preparados para generar ingresos publicitarios. Lo consiguen usando titulares y miniaturas de manera sensacionalista y engañosa, para atraer la mayor proporción de impactos posibles.

Cuando basta con crear reclamos y deja de importar todo aquello que no genera resultados llamativos e instantáneos, las narrativas que servían a las ciudades para congraciarse con sus ciudadanos, ya no son suficientes, caducan. Otras las sustituyen.

Bonita

Si hubiera que medir el desempeño de Baleares por la audiencia de sus islas, la única conclusión posible es que sus últimas dos décadas fueron un ciclo de tremendo éxito. La estrategia de *clicks* había sido la mar de acertada.

En 2002, 9,8 millones de turistas.

En 2023, 17,8 millones de turistas.

En 2002, 6 616 millones de euros en gasto turístico.

En 2023, 17 722 millones de euros en gasto turístico.

Y si tanto gustaba Baleares, ¿por qué demonios debíamos leer titulares tan bajoneros como el siguiente?

> El PIB balear por habitante se desploma: pasa de ser el 46 de la UE al 110 en 21 años. El Archipiélago balear pasa de mantener una renta un 22,9 % superior a la media europea en 2001 a situarla un 2,6 % por debajo en 2019.[8]

También a Cádiz le sonríe la audiencia. Cádiz tiene un *engagement* poderoso por el simple hecho de que para medirse utiliza la afluencia y la valoración de quienes la visitan. «Si no de moda, Cádiz desde luego se ha convertido en destino turístico prioritario. No en vano, 2022 ha cerrado con más de 8 millones de pernoctaciones, la segunda vez que eso sucede en la última década»[9] / «Se ha convertido en uno de los grandes atractivos del país para los visitantes. De hecho, durante el primer trimestre del año, la provincia recibió a 377 865 viajeros, lo que supone un aumento del 25,91 % con respecto al primer trimestre de 2022».[10]

El ciudadano raso no ofrece esa misma recompensa, su presencia —que se da por sentada, por tanto no excita— apenas alimenta el ego de la «marca ciudad». Cádiz es la

8 Mateos, Alicia. (2024). «El PIB balear por habitante se desploma: pasa de ser el 46 de la UE al 110 en 21 años». *Última Hora.* [En línea]. [16 de marzo de 2024].
9 P. S. M. (2023). «'Boom' turístico de Cádiz: supera los 8 millones de noches de hotel por segunda vez en una década». *La Voz del Sur.* [En línea]. [25 de enero de 2023].
10 R. D. (2023). «Esto es lo que más valoran de Cádiz los turistas». *Diario de Cádiz.* [En línea]. [13 de mayo de 2023].

ciudad donde todos quieren vivir,[11] pero Cádiz se vacía: Cádiz es un municipio envejecido, con la menor natalidad entre las capitales de provincia y, sin embargo, se consagra como ciudad de moda. Tan atractiva, tan bohemia, de placeres tan instantáneos, con tanto encanto en sus calles.

La respuesta a la presunta contradicción está ante nuestros ojos: no se hablará de la población de Cádiz más que para bocetar algún discurso pintoresco. De lo que se habla es de Cádiz como marca, un trasunto de ciudad donde es la corteza y no su interior lo que está en juego. Cádiz bonita, Cádiz secreta, como Cádiz ninguna. Cádiz es el paraje idílico para cualquier cosa, excepto para vivir. Cádiz se ha mimetizado en apartamento turístico: una oferta en la plataforma Airbnb que bate récords, pero en la que resulta complicado ser ciudadano local. Su mito omite a sus habitantes. ¿A quién interpela la ciudad de moda?

El discernimiento sobre si Cádiz va bien o Cádiz va mal depende de las métricas que se usen para valorar su estado. En los mismos meses que ese puñado de titulares triunfantes, el informe sobre las condiciones de vida del INE para 2023 la situaba como una de las capitales con mayor tasa de desempleo, una de las ciudades con menos niños.[12] Solo hay que decidir hacia dónde mirar… y hacia dónde no: qué luces encender, cuáles apagar.

De la misma manera que muchos periódicos han sacrificado su solidez informativa, su capacidad editorial, y han sustituido todo eso por una concatenación de alertas, de contenido inflamados —¡Las mejores ofertas de la semana en Amazon! / ¡Cuidado, los okupas!—, multitud de ciudades cambiaron los alicientes de su ritmo narrativo. El

11 Galbarro, Fran M. (2023). «Cádiz: por qué se vacía la ciudad donde todos quieren vivir». *El Confidencial.* [En línea]. [16 de abril de 2023].

12 Díaz, Cristina. (2023). «La estadística del INE 'machaca' a Cádiz: la más vieja, con más paro y menos niños». *Diario de Sevilla.* [En línea]. [23 de mayo de 2023].

vigor del municipio deja de asociarse con la buena salud de la población local. ¿Acceso a la vivienda?, ¿capacidad de gasto?, ¿cohesión social? *Zzzzzzzzzz*. Nos contaremos a partir del crecimiento de visitantes anuales y alguna que otra aparición en la prensa internacional —¡Estamos de moda!—. Un mantra que convierte a los indicadores turísticos en algo más que una señal económica: son la sustancia de la autoestima urbana.

Si el *engagement* es «el nivel de compromiso, entusiasmo y lealtad que tiene una audiencia con una marca», la marca pasa a ser nuestra ciudad y la audiencia sus visitantes. Es el indicador con el que determinar a qué lugares les va mejor o peor, aunque esa realidad no coincida con la de sus habitantes. Basta con atender al tono de los titulares para entender hasta qué punto la alegría de nuestras ciudades depende del número de personas que la visitan. Una narrativa tan placentera que a veces hace creer que se están pasando las páginas de la revista *¡Hola!*:

> Málaga se ha convertido durante el año pasado en la ciudad en la que más han crecido las pernoctaciones de entre las grandes urbes de España. Para la capital 2022 ha sido un ejercicio de récord.[13]

> Sevilla, la tercera ciudad española más visitada en 2022 con más de 3,4 millones de turistas.[14]

> Valencia está de moda, y se nota. La ciudad del Turia ha registrado un crecimiento del 9,1 % en la cifra de turistas llegados este verano respecto a los datos de 2019, lo que supone que se convierta en la segunda ciudad de España con mayor recepción de turistas, con un 78,3 % de ocupación y, por el momento, con los mejores datos históricos.[15]

13 V. R. B. (2023). «Málaga, el destino que más crece en pernoctaciones de las grandes ciudades de España». *Málaga Hoy.* [En línea]. [02 de febrero de 2023].
14 R. S. (2023). «Sevilla, la tercera ciudad española más visitada en 2022». *Diario de Sevilla.* [En línea]. [31 de julio de 2023].
15 Esparza, D. (2023). «Valencia vive su mejor verano turístico con un aumento del 9 por ciento». *La Razón.* [En línea]. [25 de agosto de 2023].

El estado general de euforia provoca que la mayoría de cuestionamientos acaben en un callejón sin salida, tomados como una afrenta a la ciudad. «Mientras yo sea consellera, no habrá impuesto a la industria de la felicidad», anunciaba la entonces responsable del ramo en la Generalitat Valenciana —y antes secretaria general de la patronal turística Hosbec—, Nuria Montes a propósito de la tasa turística.[16] Como si apelar a modelos diferentes de crecimiento significara querer que nuestra ciudad, convertida en nuestro equipo, baje a segunda. Romper la correlación narrativa entre la llegada de turistas y el bienestar urbano se percibe como colarse un gol en propia puerta. Y si nuestra altura se nos mide a partir de los visitantes, acabamos comportándonos solo como una ciudad para visitantes.

«¿Cuánto debemos crecer?», lanza Mariana Mazzucato. «Esa no es la pregunta, sino cómo hacerlo de forma que nos beneficie a todos», se contesta.[17] Mientras corren ríos de tinta a propósito de la presencia de *guiris* y la condición de sus comportamientos —*balconing*, toda una folclorización del fenómeno—, apenas se busca entre la letra pequeña: de qué manera las cifras récord en visitantes permean en la competitividad de la ciudad misma, de qué forma influyen en el avance común de sus habitantes. ¿Acaso no se trataba de eso?

Condenar nuestro éxito al número de visitantes que recibamos, a la cantidad de *likes* o al flujo de interacciones nos reduce a simples ciudades-escenario, grandes avenidas para la exhibición, intrincadas calles de escaparate. La carcasa que, por mucho que ofrende felicidad, hace la vida más complicada cuando se olvida de todo lo demás.

16 EFE. (2024). «Montes dice que 2 500 cruceristas "nunca pueden crear un problema" en una ciudad como València». *Valencia Plaza.* [En línea]. [16 de octubre de 2024].
17 Mazzucato, Mariana. (2023). «¿Cuánto debemos crecer? Esa no es la pregunta, sino cómo hacerlo de forma que nos beneficie a todos». *El País.* [En línea]. [14 de septiembre de 2023].

La vigesimocuarta edición de los Latin Grammy se celebró en Sevilla. ¿Por casualidad o ciencia infusa? No exactamente. «Sevilla tiene algo muy especial», dijo en la alfombra roja el entonces ministro de Cultura de España, Miquel Iceta, mientras explicaba cómo se había conseguido el acuerdo. Esa cosa tan especial de la que usted me habla eran 29,18 millones de euros,[18] el precio de compra en la subasta internacional: 22,88 a cargo de la Junta de Andalucía, y cerca de 4,8 sufragados por el Gobierno central.

El despliegue de estrellas por el Palacio de Congresos y Exposiciones (FIBES) era la expresión de una necesidad: cuidar la marca Sevilla, amenazada por la nueva supremacía de Málaga como estandarte andaluz de cara al exterior. Sevilla necesitaba un golpe de efecto, reposicionar su estandarte como ciudad contemporánea capaz de aglutinar al firmamento musical.

Los periódicos más *basados* titulaban a golpe de adrenalina: «Éxito total de los Grammy Latinos: la gala deja en Sevilla un impacto económico de 100 millones».[19] Si bien unos días antes el alcalde había asegurado que el retorno superaría los 50 kilos, de golpe se duplicaron. Pocos me parecen. La cifra no importa en ese género emparentado con el realismo mágico: el aspecto clave tiene que ver con propagar la sensación de que la ciudad ocupa la centralidad, pasan cosas, está en el mapa. «Millones de personas en todo el mundo han estado pendientes de Sevilla, con ganas de conocer la ciudad», conscientes de que es un des-

18 Sánchez, Borja. (2023). «Este es el dineral que ha pagado Sevilla para la celebración de los Latin Grammy 2023». *El Español*. [En línea]. [17 de noviembre de 2023].
19 G. D. (2023). «Éxito total de los Grammy Latinos: la gala deja en Sevilla un impacto económico de 100 millones». *OK Diario*. [En línea]. [17 de noviembre de 2023].

tino «magnífico para invertir», sostenía el alcalde. De hecho, es complicado no imaginar a un espectador medio en Miami viendo cantar a Rauw Alejandro y que, acto seguido, le esté escribiendo a su gestor para poner en marcha alguna inversión donde lo de la Expo'92.

Referirse al *spot,* a la marca, como atajo para hablar de Sevilla sin hablar de Sevilla. La *performance* por la que centenares de sevillanos estaban a ambos lados del vallado mientras por el centro desfilaban artistas rutilantes —en un trampantojo de Cannes— representa bien qué está ocurriendo. ¿La fiesta para Sevilla? ¿Sevilla invitada a la fiesta? ¿Sevilla solo paga la fiesta? Un desfile de celebridades con una incógnita por resolver: ¿buscaba reforzar a los sevillanos o usaba su identidad como decorado de un anuncio muy caro?

Insuflar autoestima a base de pagar a unos cuantos VIPs —creadores de contenido— para que te digan lo bonita que luces está bien. Puede incluso ser razonable si forma parte de una estrategia pensada. Hacer marca Sevilla es estupendo, pero vivir en tu ciudad ya debe ser alucinante.

De tanto pensar en decorados, el decorado procedió a la conquista territorial: de 1 199 plazas en apartamentos turísticos (2016) a 46 000 (2023). En Santa Cruz, en el centro histórico, el 61,2 % de las viviendas eran usadas como alojamiento de paso. ¿De verdad la mayor necesidad de Sevilla pasa por ejercitar sus dotes decorativas?

En un fino giro de guion, Rosalía cantó en la gala *Se no rompió el amor,* en homenaje a Rocío Jurado, aunque introdujo un pequeño giro en la letra: «Se nos rompió el amor, de tanto usarlo... o de no usarlo». Poco después apareció en la retransmisión un anuncio de Airbnb:

> «Que Airbnb sea patrocinador principal de los Latin Grammy en Sevilla es un tema», escribía en X Guillermo Cid.

«Airbnb patrocinando los #LatinGRAMMY en Sevilla. El humor negro», escribía Carlos Javier Lillo.

«Airbnb patrocinando los Grammy en Sevilla: *accurate*», comentaba el usuario @BrioEnfurecida

F1

A pesar de que Madrid vive un profundo proceso de concentración económica y es percibida como una ciudad en ascenso, de moda, su alcalde reconoció en un desayuno informativo las dificultades de la ciudad para enunciar un *clickbait* a la altura de sus ambiciones. Hay que «crear o generar un icono», anunció durante su mandato. «Todo el mundo identifica Nueva York con la Estatua de la Libertad, Los Ángeles con unas letras que hay en un monte que dicen «Hollywood», Londres con un reloj que es el Big Ben, o París con la Torre Eiffel».[20]

No resulta novedoso levantar reclamos artificiales para epatar a los humanos en órbita, más bien es una solución viejuna. Lo que el alcalde sugiere es que su ciudad necesita un relato monumental para lograr más notificaciones, más *engagement*, más impacto. Un monumento a su condición universal, el cetro para una edad dorada. Ya no se buscará un edificio o uso concreto. Ni tan siquiera se hará referencia a un gran complejo cultural o una infraestructura clave. Ni *calatravas* ni *guggenheims*. Lo que el alcalde requiere es un icono con el que encapsular un mensaje del que apuntarse la autoría: vamos a todo gas.

Un circuito de Fórmula 1, dispuesto en vertical, puede hacer las veces de monumento diferenciador. Solo hay que echarle imaginación. Aunque suene a una receta antigua, pasa como con el cóctel de gambas: siempre está de vuelta.

20 «El sueño de Almeida: Crear un icono en Madrid como la Estatua de la Libertad o la Torre Eiffel». *TeleMadrid*. [En línea]. [13 de marzo de 2023].

Madrid anunció su inclusión en el calendario automovilístico a partir de un acuerdo entre autonomía, municipio y FIA. Un circuito en las calles del barrio de Valdebebas, el «Montecarlo gato».

El ímpetu con el que se destacó el retorno económico de la cita era un buen termómetro. Oficialmente se aseguró que la llegada de los bólidos supondría 450 millones de ingresos al año, con 8 200 puestos de trabajo —aunque a la presidenta autonómica le debió parecer poco y a los días los situó en 10 000—. 800 000 turistas a lo largo del contrato y 500 millones finales de beneficio para la ciudad.[21] Sin un euro de dinero público, se insistía. A través del distinto fervor de los titulares podía medirse la infiltración de la publicidad institucional en el emisor enunciante.

La tonadilla llevaba la misma letra que la del Gran Premio de Europa celebrado hasta 2012 en las calles de València. Mientras los coches daban vueltas, los responsables públicos cambiaban varias veces el alcance de la bicoca: en 2012 el entonces presidente autonómico afirmó que la Fórmula 1 había supuesto un impacto de 108 millones y 1 357 puestos de trabajo, con cerca de 700 000 turistas. En 2010 la consellera de Turismo hablaba de 60 millones.[22] Lejos, en cualquier caso, de los 400 millones de impacto económico que se auguraban por 2009.[23] Cuando la Generalitat Valenciana vio que las cifras no encajaban optó por la solución más creativa: dejar de encargarle al Instituto Valenciano de Investigaciones Económicas el informe de impacto que le pedía tras cada carrera.

---

21 De la Torre, Alberto. (2024). «Madrid dice que la F1 no se pagará con dinero público. Valencia prometió lo mismo y le costó 300 millones de euros». *Xataka*. [En línea]. [23 de enero de 2024].

22 Aguar, Ximo. (2012). «El impacto económico de la Fórmula 1, ese desconocido». *Valencia Plaza*. [En línea]. [26 de junio de 2012].

23 «La Generalitat Valenciana desembolsará los 90 millones de canon de la Fórmula 1». *El País*. [En línea]. [22 de agosto de 2009].

Como en Madrid, a València no debía costarle ni un euro el espectáculo. Pero tampoco esa publicidad era cierta. La suma del canon (110), del coste del circuito (89), de los gastos corrientes (46), de la retransmisión televisiva (22) y del rescate de la empresa organizadora del evento (41) elevó en cerca de 300 los millones destinados a dar la imagen de que la marca-ciudad iba sobre ruedas.[24]

Silicon Valley

Uno de los mayores identificadores en el campo semántico del «a todo gas» pasa por autodesignarse el «Silicon Valley» de la región. Suena casi a superstición. Diga «Silicon Valley» y surgirá la magia:

> Año 2016: «Sevilla se parece más a Silicon Valley de lo que la gente se cree»[25]/ «Madrid, ¿el Silicon Valley español?»[26] / «Madrid tendrá su Silicon Valley».[27]
>
> Año 2018: «Sevilla podría ser el Silicon Valley europeo».[28]
>
> Año 2020: «La carrera urbanística de Valencia para convertirse en el Silicon Valley europeo».[29]
>
> Año 2021: «Barcelona podría ser el Silicon Valley de Europa»[30] /

---

24 Maroto, Voro. (2013). «Valencia se queda sin Fórmula 1 tras enterrar 300 millones». *ElDiario.es.* [En línea]. [16 de octubre de 2013].
25 Jiménez, Nicol. (2016). «Sevilla se parece más a Silicon Valley de lo que la gente se cree». *El Correo de Andalucía.* [En línea]. [09 de julio de 2016].
26 Azinovic, Jimena. (2016). «Madrid, ¿el Silicon Valley español?». *Forbes.* [En línea]. [25 de marzo de 2016].
27 Domingo, M. R.; Calleja, I. S. (2016). «Madrid tendrá su «Silicon Valley». *ABC.* [En línea]. [07 de septiembre de 2016].
28 Álvarez, Jesús. (2019). «Ángeles Delgado: "Sevilla podría ser el Silicon Valley europeo"». *ABC.* [En línea]. [21 de julio de 2019].
29 Toledo, Cristóbal. (2020). «La carrera urbanística de Valencia para convertirse en el Silicon Valley europeo». *El Mundo.* [En línea]. [26 de diciembre de 2020].
30 G., B. (2021). «Barcelona podría ser el Silicon Valley de Europa». *El Periódico.* [En línea]. [21 de febrero de 2021].

«El Silicon Valley del sur se está construyendo en Málaga».[31]

Año 2022: «¿Cuenta Barcelona con la «tormenta perfecta» para convertirse en la Silicon Valley europea?»[32] / «Málaga será el Silicon Valley de Europa».[33]

Año 2023: «Así puede València ser el Silicon Valley europeo»[34] / «¿Por qué Málaga se ha convertido en el Silicon Valley europeo?».[35]

Los periódicos toman la condición de médiums de las ciudades invocando al dios global. Si Silicon Valley —como el Museo Rodin— fabricara esculturas, habría una en cada municipio. Querer ser un «Silicon Valley» no consiste en tener más luces que nadie, sino en hacer luz. Una luz cegadora.

El empresario tecnológico Pablo Antón, a medio camino entre México y Andalucía, alababa el buen trabajo de Málaga y su capacidad para ser ese valle del futuro. En su elogio explicó que lo de ser el «Silicon Valley» de Europa «antes era *marketing,* ahora es real y me lo creo». Pero deslizaba una advertencia: «Málaga es una ciudad muy agradable, pero si deja de serlo puede perder capacidad de atracción. Lo que ofrece Málaga, además de estar bien posicionada tecnológicamente, es que es un sitio muy chulo para vivir», dijo en *El Español.*[36]

31 Almoguera, Pablo D. (2021). «El Silicon Valley del sur se está construyendo en Málaga». *El Confidencial.* [En línea]. [02 de junio de 2021].
32 «¿Cuenta Barcelona con la "tormenta perfecta" para convertirse en la Silicon Valley europea?». *El Economista.* [En línea]. [8 de mayo de 2022].
33 Recio, Ángel. (2022). «Málaga será el Silicon Valley de Europa. Antes era *marketing,* ahora es real y me lo creo». *El Español.* [En línea]. [13 de noviembre de 2022].
34 Ramírez, Borja. (2023). «Así puede València ser el Silicon Valley europeo, según el CEO de Boardwave». *Economía 3.* [En línea]. [6 de abril de 2023].
35 Sánchez, Yésica. (2022). «¿Por qué Málaga se ha convertido en el Silicon Valley europeo?». *Libertad Digital.* [En línea]. [4 de enero de 2022].
36 Recio, Ángel. (2022). *op. cit.*

Antón pone su propio ejemplo personal: «¿Por qué una persona que trabaje en las afueras de París no va a querer teletrabajar en Málaga? (...) Tengo un piso alquilado en Málaga a un ingeniero colombiano de pozos petrolíferos que ha decidido venir con su familia a teletrabajar a Málaga en lugar de estar en Bogotá. Trabaja de 3 a 11 de la noche desde aquí».

Se nos ha colado una perversión: Málaga —se entiende— no debe tanto ser un sitio donde sus ciudadanos vivan bien, sino hacer el favor de seguir siendo agradable para que vengan inversores a vivir bien. Más que una ciudad repleta de avance productivo, parece esbozar el caso de una ciudad balneario. *Málaga d'Or, Ciudad de Vacaciones.*

En esa línea, Málaga se ha convertido en uno de los destinos favoritos del nomadismo digital, quienes destacan —redoble de tambores— lo bien que se vive en la ciudad. Los efectos de atraer inversión internacional representan un objetivo inteligente, pero en la enunciación de la «marca Málaga» cuesta encontrar alguna referencia a los malagueños. En toda esta carta de servicios nadie parece tener muy en cuenta a la comunidad local. ¿Cómo progresa su poder adquisitivo?, ¿puede seguir viviendo donde lo hacía? En la narrativa, su rol corresponde al de los curritos de mantenimiento: pon a punto mi calidad de vida, que mañana me paso.

Si estos trasuntos de Silicon Valley a la española llegaran a parecerse en algo al original, sería a su propio molde. Deyan Sudjic[37] define al «valle» californiano como un sitio sin equilibrios, lo más alejado a una ciudad: no necesita a un proletariado industrial porque ha sido deslocalizado a Asia, pero sí exige un ejército de chefs y limpiadores que atiendan a los superinversores. Cuidado con lo que deseas.

---

37 Sudjic, D. (2017). *El lenguaje de las ciudades.* Editorial Ariel, pp. 225-234.

Y como si se tratara de un premio de consolación, quienes no pueden aspirar a ser Silicon Valley, se conforman con presentar sus ciudades en el metaverso, en la IA o en la ocurrencia más dopamínica en ese momento. Anzuelo para pezqueñines. Relato con *tamagotchi*.

Cuenca Land, «la experiencia pionera de la ciudad en el metaverso», aspiraba a situar a los conquenses en la vanguardia turística. Al poco de su lanzamiento, desde el ayuntamiento explicaron que la apuesta tecnológica permitía romper las barreras del mundo real: «Una empresa de Nueva York puede tener una reunión virtual en la Casa del Corregidor y, después, el que quiera hablar en privado se va a otra sala y puede asomarse y ver la hoz del Huécar desde ahí».[38]

«La España vacía era esto»,[39] ironiza el periodista Mario Escribano después de recorrer varios metaversos ibéricos cosidos por el mismo patrón: ninguna función social, ningún movimiento, nadie, nunca. Y multitud de arengas sobre el porvenir de sus ciudades ante un paradigma infinito. No va de información, sino de estado de ánimo, suele explicar Carlos Padial a propósito de la creación desaforada de contenido. Ciudades intentando reanimarse agitando sus pompones. *Qué podría fallar.*

La empresa que había levantado el metaverso de Cuenca (Six3D) hizo lo mismo con el de Gandía. Su ayuntamiento celebró el poder convertirse «en una de las primeras ciudades de Europa en estar en el Metaverso con el fin de seducir y conquistar a cientos de miles de turistas

38 VocesdeCuenca. (2023). «Cuenca en el metaverso: más de 16 000 usuarios, visitantes de EEUU o China y la promesa de eventos virtuales». [En línea]. [2 de marzo de 2023].

39 Escribano, Mario. (2022). «Cuenca en el metaverso: los ayuntamientos se gastan miles de euros en desiertos digitales». *El Confidencial.* [En línea]. [20 de noviembre de 2022].

que cada vez utilizan más horas de su tiempo libre» para estar allí.[40]

En paralelo, el metaverso de Decentraland —una de las mayores plataformas de realidad virtual, con un valor de mercado por entonces de 1 200 millones de dólares— apenas recibía 38 usuarios por día.[41] No entraba nadie porque todos estaban en el de Cuenca y Gandía.

El dueño de Six3D, Alberto Lozano, persistía y poco después presentaba Benidorm Land. Idéntico patrón. El ayuntamiento, además, había comprado suelo «para que no se le adelante nadie». Un movimiento reactivo con el que evitar que un cualquiera construyera «una ciudad zombi, o un mundo paralelo donde el sol y la playa, el ocio y el urbanismo vertical no sean sus señas de identidad».[42] Lozano, en un mensaje a los descreídos, explicó que esto era «como intentar explicar a alguien de finales de los ochenta lo que iba a ser internet». La culpa es vuestra, que no entendéis el futuro.

Al margen de que la operación se parezca más a venderle un cinexin a un capo de Hollywood, la señal de aviso no llega por el fervor oportunista de subirse al carro tecnofolclórico, sino por su propósito: un intento de engalanarse, emperifollarse y parecer modernos para así poder atraer al visitante. *Click, click.* Los vecinos quedan ausentes también de esta ecuación. No es su conversación. Ni tan siquiera el metaverso parece estar diseñado para ellos. A lo que los municipios aspiran es a recibir *clicks,* una vez han sido reducidos a simples oficinas turísticas.

40 Álvarez Casanova, Toni. (2023). «Gandía también brilla en el Metaverso». *Levante-EMV.* [En línea]. [8 de enero de 2023].
41 «¿El metaverso es un desierto? Decentraland vale 1,200 mdd y solo tiene 38 usuarios activos». *SoyEmprendedor.* [En línea]. [13 de octubre de 2022].
42 Yus, S. (2022). «Benidorm "compra" suelo en el metaverso: la realidad virtual, última apuesta de *marketing*». *El Confidencial.* [En línea]. [17 de octubre de 2022].

El ingeniero Jaime Gómez-Obregón bromea —o no tanto— sobre cómo en el ciclo 2014-2024 ha sido la norma en el sistema de señales de las ciudades españolas vender ideas tecnológicas desternillantes. Como activista informático, pone en marcha plataformas que denuncian el mal uso del dinero común en el entorno digital. Ante la creación del metaverso oficial de la Comunidad Foral de Navarra, desarrolló un *bot* que, a modo de chivato, registraba y guardaba el tráfico. En el primer mes apenas cincuenta usuarios habían entrado en el metaverso. «Algunos ya estamos hartitos de unos servicios públicos llenos de "inteligencia artificial", ciudades "smart" y ahora "metaversos" chirripitifláuticos... mientras los trámites digitales más elementales siguen siendo una yincana kafkiana», explica, enfadado.[43]

En una de sus conferencias mostró la presentación solemne del plan de digitalización turística de Lepe, en Huelva. El proyecto de «turismo inteligente» prometía desestacionalizar el tráfico de visitantes y aumentar el posicionamiento del municipio en la red. El rastreo de Gómez-Obregón permitió descubrir que, cuatro años y doscientos mil euros después de su puesta en marcha, el plan —bautizado como «Smart Turismo Lepe»— ni tan siquiera se había indexado en Google. O lo que es lo mismo, que no existía.

Otro de sus ejemplos recurrentes es poner a prueba el rendimiento de los *marketplace* con los que infinidad de ayuntamientos se afanan por salvar a sus comercios locales. El de Cartagena, como el de Barcelona, buscaron competir con Amazon, pero acabó en el «cementerio de

43 Gómez-Obregón, J. [Jaime Gómez-Obregón]. (13 de junio de 2023). «Slow Tech: The JOY of missing out» | Jaime Gómez-Obregón | TEDxValencia [Vídeo]. Youtube. http://youtube.com/watch?v=6s6wJjz6jig

ocurrencias digitales» ante la falta de demanda. La alegría con la que, tirando de ideas de bombero torero, algunos ayuntamientos aspiran a competir con Amazon vendría a ser como si el presidente del equipo de fútbol de Lepe les dijera a sus vecinos que van a machacar al Manchester City en la próxima final de Champions.

Se podría comenzar por el principio: procurar y proclamar que los vecinos puedan acceder con eficacia a los servicios digitales de su municipio, que la vida se les haga más fácil gracias a ello. Pero parece poca cosa. ¿Ya no haces cola y puedes resolver en un minuto tus gestiones administrativas? Me aburro. Nada que ver con anunciar a la población que todo el mundo nos mira. Gestionar no es tan *sexy* como atraer.

Gómez-Obregón ponía el caso del Gobierno de La Rioja, cuyo PDF de asistencia para el uso del DNI electrónico contenía este encabezamiento mágico:

> … no debería haber ningún problema, pero hemos detectado que hay ocasiones en que falla la firma, debido «aparentemente» a que se bloquea físicamente el certificado en la tarjeta o algo así, propio del sistema operativo, o del hardware de la tarjeta criptográfica, no directamente de la aplicación CarFirma. Hemos constatado que, en esas ocasiones, la ventana de solicitud de permiso (fig. 9.4), se muestra dos veces, y tras contestar afirmativamente en ambas, falla la firma. Si repetimos la operación acto seguido, lo más probable es que vaya bien. En ese caso, cuando va a funcionar bien, la ventana solo se muestra una vez —que es lo correcto—.

Una caricatura, pero no solo una caricatura. Encontrar representantes públicos ataviados con unas gafas de realidad aumentada —el momento estelar de cualquier Fitur— no implica tanto el deseo de ver más allá, sino algo más sencillo: camuflarse tras el futuro. Las estructuras artríticas de muchas ciudades renqueantes impiden seguir la velocidad imparable de su tiempo. Fruto de esa impotencia se da una sobreactuación por la que infinidad de gestores urbanos posan con cachivaches electrónicos sobre la cabeza, con la misma convicción extraña con la que alguien se engalana con un tocado fálico en una despedida de soltera. El mercado va más rápido que nunca. En cambio, los pies de nuestras ciudades andan con chanclas.

La obsesión por no quedarse atrás denota este período. Smart o metaverso vienen a pertenecer a la misma jerga que la de nuestro cuñado cuando, intentando hacerse el moderno, conjuga su «efectiviwonder» con el «de qué vas, Bitter Kas».

Cuando trabajos como el de Nuria Badenas, desde el Instituto de Estudios Fiscales, desnudan que solo el 35 % de los 800 000 hogares españoles que podrían beneficiarse del Ingreso Mínimo Vital lo han recibido,[44] o que las ayudas sociales anti-inflación únicamente han acabado llegando a un tercio de sus destinatarios potenciales, emerge entonces la sensación de que una parte amplia de la ciudadanía no se siente interpelada ni tan siquiera cuando se diseñan beneficios a su medida. El trabajo de Natalia Collado y Ángel Martínez —Esade junto a Oxfam Intermón— hurgó en la cantidad de gente que recibió en 2022 el bono social eléctrico que el Gobierno de España había anunciado como una de sus principales coberturas sociales: solo 8 de cada 10 beneficiarios potenciales se había beneficiado de la medida.[45] Si jugamos a ser Amazon, el diagnóstico es que el 80 % de paquetes que deben acabar

44 Martín Urriza, Carlos. (2024). «Ayudas públicas sin papeleo». *El País*. [En línea]. [8 de enero de 2024].

45 Collado Van-Baumberghe, Natalia; Martínez Jorge, Ángel. (2024). «¿Llega el bono social eléctrico a quien lo necesita? Análisis de las tasas de cobertura y las características del hogar». *EsadeEcPol*. [En línea]. [12 de septiembre de 2024].

en nuestras casas se pierden por el camino. Conocemos al dedillo cuánta gente llega a nuestros aeropuertos, pero no tanto qué parte de la ciudadanía recibe la cobertura prevista. Cuestión de prioridades narrativas.

Cookies

Al aceptar las *cookies* en la entrada de una página, nuestros hábitos de navegación pasan a recordarse. Por tanto, la publicidad de la página se personaliza en base a nuestros comportamientos. Una vez la ciudad recibe información sobre cómo se comporta toda esa gente que la visita, el siguiente paso es adaptar sus formas a ese mismo tránsito.

Segmentar la oferta según la demanda resulta un proceso lógico para gran parte de las marcas, aunque si te limitas únicamente a dar lo que pide la audiencia... puede que dejes de tenerla. En las ciudades, de tanto querer hablar como hablan aquellos a quienes deseamos, dejamos de expresarnos con el lenguaje de quienes somos.

La tecnológica china ByteDance —creadora de TikTok— es también la responsable de la plataforma Toutiao.[46] En ella, a los usuarios se les suministran contenidos en forma de titulares que deben consumir o rechazar. Sin matices. Un algoritmo va incorporando el patrón por el que cada usuario elige o descarta y, en función de ello, proporciona contenidos coincidentes con su consumo informativo. Finalmente muchos usuarios han terminado escandalizados porque los contenidos cada vez son más pegajosos y adictivos. Les están dando aquello que piden, pero se fatigan y se sienten incómodos.

El relato de las ciudades se va personalizando a partir de titulares que tienen que ver con la necesidad de conseguir aprobación foránea. Que los espacios más paradig-

46 Feijóo, Claudio. (2021). *El gran sueño de China*. Editorial Tecnos, p. 91.

máticos de la urbe se parezcan más al conjunto de hábitos de quienes llegan de paso —por tanto, con requerimientos efímeros— y apenas a los de quienes residen es una consecuencia instantánea.

Con la misma lógica el alcalde de Sevilla anunció que la ciudad cerraría la plaza de España y cobraría entrada,[47] con la intención de ordenar las visitas, explicó. *Tickets* para los turistas. Si bien puede parecer una medida de control turístico, es un rasgo de asimilación. La plaza de los sevillanos tomando la forma que le dan quienes la incluyen en su *tour*. La conversión del tráfico; monetizar el paso. Cuando la narrativa de una ciudad la definen sus visitantes, la ciudad acaba adquiriendo la forma de quien la visita. Lo próximo: una cola *fast pass* para entrar los primeros en la plaza de España.

Madrid se sorprendía al comprobar cómo en apenas unos meses el empresario Xia Xiaodong se había hecho con hasta una docena de tiendas de zapatos y bisutería alrededor de la Gran Vía y la Puerta del Sol. Se ha quedado con el frente tradicional del comercio castizo, a buen precio tras la pandemia, y lo ha hecho para sacar partido al área más masificada de la ciudad. Acumula pequeñas ventas en muchos sitios y durante mucho tiempo. El empresario vende productos con un importe lo suficientemente accesible como para que nada impida a la gente de paso llevarse unos pendientes. Con una máxima: «Nunca se tienen suficientes joyas para una mujer».[48] «El empresario chino que se ha comprado la Puerta del Sol para llenarla de joyas baratas», titulaba *El Confidencial.* No era él, éramos nosotros: zonas paradigmáticas disfrazándose para atraer

47 Díaz, Jesús. (2024). «El Ayuntamiento de Sevilla cerrará la Plaza de España y cobrará la entrada». *ABC.* [En línea]. [25 de febrero de 2024].
48 Franco, Lucía. (2023). «El empresario chino que se ha comprado la Puerta del Sol para llenarla de joyas baratas». *El Confidencial.* [En línea]. [17 de septiembre de 2023].

a quienes pasan por delante de sus escaparates solo una vez.

En Barcelona los churros se convirtieron en una atracción pujante del barrio del Gòtic de un día para otro. El churro viral. La *influencer* surcoreana Kim Ji-soo, líder del grupo de K-pop BlackPink, había grabado en su cuenta de Instagram —con 70 millones de seguidores— un vídeo comiendo churros en la churrería Manuel San Román. El *match* inesperado entre churreros y coreanos fue visto por las autoridades como una oportunidad: los coreanos gastan 300 euros al día, mucho más que la media.

«Las administraciones —se lee— se han marcado como objetivo seducir a estos turistas que gastan muchísimo (...) odian el sol y la playa y viajan en primavera y otoño cuando los hoteles están en temporada baja».[49] Todo ventajas, porque además apenas se emborrachan ni se tiran de los balcones.

La cantante Kim Ji-soo también pasó por Tossa de Mar, en Girona, donde ya notan la afluencia de coreanos y en consecuencia se ajustan. «Los restaurantes ya tenemos carteles y cartas en coreano». Se trata de aprovechar las oportunidades y preparar a la ciudad para agasajar a una audiencia que crece como churros (perdón).

Sobre la Gran Vía madrileña se encendieron las alarmas lingüísticas cuando se supo que 121 de los 185 comercios a lo largo de la avenida tienen sus nombres en inglés e ignoran el español.[50] La transformación se ha dado esencialmente a partir de la segunda década del siglo. Una razón cincelada en Excel: si en 2007 en Madrid pernoctaban 7,3 millones de turistas, en 2019 eran 14,2. Demanda, *cookies*, adaptación. El verbo «servir» tiene dos acepciones podero-

49 Congostrina, Alfonso L. (2023). «Oleada de turistas coreanos en Barcelona, los visitantes que interesan». *El País*. [En línea]. [30 de abril de 2023].
50 Peinado, Fernando; Zafra, Mariano. (2022). «*The Great Way of Madrid*, la calle donde el 65 % de los comercios ignora el español». *El País*. [En línea]. [9 de octubre de 2022].

sas: «servir» de «estar al servicio de alguien» y «servir» de «ser de utilidad». La calle sirviendo a quien más sirve.

En València, en el eje peatonal entre las calles María Cristina y San Vicente, de los 120 comercios abiertos, solo 39 conservan sus rótulos en español.[51] El estudio de geolocalización de turistas encargado por el gobierno local concluye que, de cada 10 turistas internacionales detectados, 5 pasan por ese mismo eje.[52] Las fachadas, *cookie* a *cookie*, se mimetizan con quienes las consumen. Las matemáticas tampoco fallaban: 4,6 millones de pasajeros en el aeropuerto de Manises en 2014, por 9,9 en 2023.

La abundante oferta de franquicias de helados y turrones ha roto la temporalidad habitual. Da igual que no sean vacaciones de verano para que los locales de yogures fríos *hagan el agosto,* da igual que no sean vacaciones navideñas para comerse los turrones: el público al que se dirigen siempre está de vacaciones.

La narrativa de las ciudades y de sus alcaldes ha terminado contagiándose de la misma dinámica comercial. Por eso las estrategias urbanas son sustituidas por estrategias de «marca-ciudad». Madrid ha construido su *brand narrative* dentro de su proyecto «Madrid City Brand» —dependiente de la oficina propia «Marca Madrid»—. Lo ha hecho a partir del concepto «La ciudad de tu tiempo», con un enfoque doble: el «tiempo» con el que poder tener calidad de vida y el «tiempo» como emblema de contemporaneidad, *una ciudad de su tiempo.* En su documento interno[53] se ofrecen infinidad de *claims:* «Madrid todo el tiempo», «En Madrid

51 Molins, Vicent. (2023). «El español en peligro en el kilómetro cero en València». *Valencia Plaza.* [En línea]. [8 de julio de 2023].
52 Navarro, Neus. (2023). «El tráfico peatonal del centro de València se concentra entre el Ayuntamiento y la Virgen». *La Vanguardia.* [En línea]. [30 de septiembre de 2023].
53 Ayuntamiento de Madrid. (2021). «Madrid Marca su camino. Relato de ciudad». [En línea].

siempre estás a tiempo», «Madrid, contigo el tiempo se pasa molando» (sic), «No necesitas playa cuando tienes el tiempo y el agua de Madrid», «En Madrid el tiempo siempre es libre». Qué lío.

Es conveniente que una ciudad trabaje su narrativa. Saber contarse es relevante. Pero otra cosa diferente es cuando esa narrativa se convierte en una herramienta que solo busca la venta al exterior. Como si transmitir un proyecto común e ilusionante a la propia ciudadanía quedase fuera de sus competencias.

Quien fuera director creativo de las ciudades de Madrid, primero, y Barcelona, después, Nacho Padilla, suele asestar algunos mandobles cuando le preguntan sobre cómo tener una buena «marca-ciudad»:

> Estoy en contra de eso. El concepto me horripila. La comunicación de servicios y administraciones públicas ha heredado mucho del *marketing* comercial, pero no en cuanto a las herramientas, sino a su espíritu. Y no funciona de la misma manera. Un ciudadano no es un cliente, es algo mucho más complejo. Tampoco es un cliente la persona que viene a visitar tu ciudad. Las ciudades son comunidades y las marcas desean serlo, pero para ello necesitan agarrarse a algo real y, como no lo tienen, crean mundos de encanto para que te parezca que formas parte de ello, aunque sea todo hueco. Pero las ciudades no son huecas. Tú eres de Zaragoza, formas parte de Zaragoza, eres Zaragoza. Eso no es una marca, es una comunidad de la que eres espectadora y creadora.[54]

Bots

Poder desplegar las plumas, al compás de una marca a la caza de clientes, requiere de la participación pasiva de mu-

54 Padilla, N. [Nacho Padilla]. (24 de marzo de 2021). «Ciudades – Marcas». Conferencia de Nacho Padilla. Elisava - Diseño e Ingeniería [Vídeo]. YouTube. http://youtube.com/watch?v=fyRKh4lmmXE

chos ciudadanos, reducidos más bien a *bots* —esos automatismos que imitan o sustituyen las acciones humanas—. Los vecinos deben estar, porque sin su presencia atmosférica el escenario pierde realismo y puede ser menos creíble. Pero deben estar poco, en los márgenes, cumpliendo su cometido.

En Lisboa se atendió el caso de centenares de trabajadoras —con empleo, con contrato, con un salario fijo—, como Marcia y Andreia,[55] que vivían en tiendas de Decathlon, apiladas en campamentos porque no les llegaba para pagar un alquiler en toda el área metropolitana.

Manifiesta una distorsión en curso: la Lisboa de moda emplaza su mensaje para que personas con más poder adquisitivo que sus vecinos hagan *check-in* en la ciudad. Un objetivo que solo podría alcanzarse desplazando a buena parte de su comunidad local, mucho menos rentable. Un discurso de ciudad que busca clientes, y por tanto traspapela a los ciudadanos.

En Ibiza se encuentra el acuartelamiento de la Guardia Civil con más vacantes de toda España. Normalmente los destinos cuyas plazas cuesta cubrir son lugares con índices altos de peligrosidad o territorios renuentes a acoger guardias en sus territorios. Pero el motivo nuevo tiene que ver con algo muy distinto: a los guardiaciviles no les renta vivir en Ibiza.[56] Con los alquileres por las nubes, es un destino difícil para vivir. Ocurre con muchos otros oficios: cajeros de supermercado, profesores, camareros, profesores... Isabel Llácer era profesora de italiano en la Escuela Oficial de Idiomas de Formentera, junto a Ibiza.

55 Pascual, Alfredo; Romero, Jonás. (2023). «Te limpian la casa, pero viven en la calle: por qué la vivienda está colapsando en Portugal». *El Confidencial.* [En línea]. [1 de octubre de 2023].

56 Méndez, Borja. (2023). «La ciudad de España donde ningún guardia civil quiere ir: "Falta la mitad de la plantilla"». *Vozpópuli.* [En línea]. [1 de octubre de 2023].

realidad dice lo contrario: desde 1990 hasta la pandemia, Nueva York vivió su gran descenso de criminalidad, pero la población consideró que la delincuencia aumentaba porque no había dejado de recibir mensajes al respecto, en un clima de pánico.

La transmisión machacona de señales creó el convencimiento de que una ciudad solo podía caminar si obtenía reconocimiento desde el exterior. Una escisión perceptiva basada en el mensaje promocional. «El turismo ha ido dando lugar a la generación de eslóganes y campañas que tratan de representar las esencias de esos territorios y localidades, y de tanto escucharlos los hemos acabado interiorizando, nos los hemos creído», emprende Sergio Andrés Caballero.[61] No solo se pueden gentrificar las calles, también los relatos. Somos *bots* de una causa que, aunque depara beneficios visibles, también nos deja sin narrativas propias.

Coca-Cola

El analista de medios Jeff Jarvis identifica la elección del volumen sobre el valor como el error capital de la industria de la prensa. Es la respuesta desesperada ante la aparición de nuevas formas comunicativas. Una competencia que no se limita a la lucha entre periódicos, sino entre cualquier cosa que genere impactos con apariencia noticiosa. La carrera se ha vuelto acumulativa y muchas de las cabeceras de siempre han terminado desgarrándose, incapaces de competir. Jarvis reclama «construir nuevos modelos de negocio dando preferencia al valor sobre el volumen».[62]

Sirve de espejo para muchas de las dicotomías a las que se enfrentan las ciudades. Llevadas a competir unas con-

61 Segura, Cristian. (2019). «Gaspart: "No podemos poner un límite al número de turistas que alberga la ciudad"». *El País.* [En línea]. [9 de junio de 2019].
62 Jarvis, J. (2015). *El fin de los medios de comunicación de masas: ¿Cómo serán las noticias del futuro?*. Ediciones Gestión 2000, p. 14.

tra otras —y contra sus propias expectativas—, la decisión de despersonalizarse para ser homologables ante el mayor número de clientes parece el camino más directo. Volumen antes que valor.

La obsesión de la ciudad por ser viral resulta inevitable porque su marco discursivo responde a la máxima de que «demasiado» nunca es «suficiente». Lo explica a la perfección Joan Gaspart, quien fuera durante 26 años presidente de Turisme Barcelona (TB), además del Sr. Burns del palco del Barça. Muchos alcaldes se han tatuado esto en la nalga:

> Tenemos que ser conscientes de que cuando vendes un producto, la Coca-Cola por ejemplo, lo haces para vender el máximo número de coca-colas. Cuando promocionas Barcelona, intentas vender la ciudad al máximo número de gente.[63]

Gaspart cobraba por cada coca-cola que se vendía. Quería que Barcelona fuera viral por su necesidad comercializadora, y ya se apañará la ciudad con las consecuencias: Barcelona como el territorio del que extraer rédito. Más y más volumen, más litros. Siempre se puede gustar un poco más.

Como cuenta Aymerich en *La fàbrica de turistes*, en pleno trance olímpico los hoteleros habían quedado fuera de la dirección de la Cámara de Comercio de Barcelona. Para llegar a un acuerdo y no sufrir la rebelión de la patronal de los hoteles, «el presidente de la cámara aceptó poner dinero para la creación de una sociedad destinada a fomentar el turismo».[64] ¿Quién la iba a presidir? Joan Gaspart, con una coca-cola en la mano. Así nació Turisme de Barcelona.

Debe sorprender poco, por tanto, que la narración de los beneficios turísticos se fije a partir solo del volumen,

---

63 Segura, Cristian. (2019). *op. cit.*
64 Aymerich, R. (2021). *op. cit.*, p. 99.

sin incluir en el mensaje factores ciudadanos o tener en cuenta el impacto de la llegada de visitantes sobre la población local. Déjate de rollos, dijo Gaspart: lo haces para vender el máximo número de coca-colas.

Y tras tanto azúcar, diabetes. Ámsterdam comenzó a quejarse de su exceso de viralidad. Lanzó una anti-promoción segmentada para varones ingleses entre 18 y 35 años a los que quiso decirles que no se acercaran al centro. No despedidas de soltero, no emborracharse de bar en bar, no consumir hachís, no acercarse a los escaparates del Distrito Rojo. «Stay Away», gritaba la campaña de alejamiento. No sois bien recibidos. *Vade retro.* Carteles en la calle, vídeos en redes. Los ingleses, a punto de tirarse de los balcones —era lo único que les estaba permitido—, debieron reaccionar extrañados: pero si todo este tiempo nos habéis pedido que hiciéramos esto... Una vez el vaso se había colmado, ya no estaba bien visto destapar la felicidad de Ámsterdam. Ya no queremos gustaros.

La prueba de hasta qué punto calaba la idea de lugar de farra como marca-ciudad pudo certificarse con los resultados de la campaña: la agencia británica especializada en despedidas de soltero, The Stag Company, desveló que desde el lanzamiento del «Stay Away» la ciudad holandesa había pasado del puesto 12 en la preferencia de sus clientes hasta alcanzar el primer puesto; las reservas aumentaron un 403 % respecto al año anterior.[65] El producto se había vendido tan bien que incluso cuando quería dejar de venderse los clientes seguían haciendo cola.

65 Ferrer, Isabel. (2023). «Ámsterdam abre su campaña contra el turismo molesto, solo interesado en drogas, sexo y alcohol». *El País.* [En línea]. [7 de abril de 2023].

II
La ciudad de las *fake news*. Viral mejor que real

Hasta ahora hemos visto las piruetas que dan las ciudades españolas para captar la atención. Poner tanto afán en ello lleva a priorizar la apariencia sobre la realidad. Relatos pantalla cargados de promesas económicas con esteroides. Mucho *fake* y pocas nueces.

Georgina

Frente al somnífero urbano —tantas ciudades donde aparentemente nunca pasa nada—, las alcaldías reconfortan a la ciudadanía con baño y masaje: ofreciendo promesas elevadas. Poco importa si son inalcanzables. Abriga escuchar que vamos a estar en el mapa, que estamos en el *ranking* de las mejores ciudades del mundo para vivir. Ya otro día vemos qué hay de cierto.

La *influencer* Georgina Rodríguez, en su reality *Soy Georgina,* viaja a la tierra de Santa Claus para ver una aurora boreal. En un lance desdichado, Georgina no puede ver la aurora. La naturaleza, caprichosa, le niega a Georgina un espectáculo deslumbrante, por mucho que Georgina esté dispuesta a pagarlo. Es entonces cuando, tirando de inventiva, Georgina plantea que «deberían hacer un simulacro de la aurora boreal, como hacen con la nieve artificial». Que parezca que. Muchas ciudades se abonan a esa cultura como conjura contra la frustración, en lugar de admitir que su ciudad no puede ser como otras, que su ciudad tiene techo y no puede crecer tanto como quieren, que su ciudad quizá no puede tener la espectacularidad de otras. O lo peor de todo: que su ciudad, llanamente, ya no es la de antes.

El uso del glutamato —excitación— y la dopamina —afectividad—, harán que los «hechos alternativos» se impongan en el relato urbano. Es más sencillo tener un sucedáneo de aurora boreal que la aurora misma.

«Cuando las personas ven noticias fabricadas o incluso fotografías manipuladas de eventos que nunca tuvieron lugar, no solo pueden llegar a creer que esos eventos sucedieron, sino que también pueden formar un recuerdo detallado de haber experimentado esos eventos. Este efecto es más probable si el contenido de ese material fabricado es consistente con sus prejuicios», explica Ciara Greene, de la Universidad de Cork.[66]

Muchos de quienes pasan por delante de la catedral de Macao, de *check* en *check*, no reparan en que no hay ninguna catedral. Solo una fachada ejerciendo de trampantojo de un templo a la portuguesa. Pero sin pórticos ni ventanales. «El símbolo sobre la forma», define Marco d'Eramo.[67] Nunca se construyó el edificio tras la fachada. Bastaba con la decoración en un destino que se reinventó a partir de la apariencia, trasunto junior de Las Vegas. En la misma línea, tuvieron resonancia de meme las imágenes del pavimento alrededor de la plaza del Dos de Mayo de Madrid. El ayuntamiento quitó los adoquines, un pelín historicistas. Los asfaltó. Pero es que después de asfaltarlos, dibujó por encima la forma de los adoquines.[68] Que parezca que.

66 Limón, Raúl. (2022). «Por qué nos fascinan las noticias falsas». *El País.* [En línea]. [30 de septiembre de 2022].
67 d'Eramo, M. (2020). *El selfie del mundo.* Anagrama, p. 163.
68 Casado, Diego. (2023). «El asfalto impreso sustituye los adoquines de 28 calles de Madrid: críticas en redes y defensa cerrada del Ayuntamiento». *ElDiario.es.* [En línea]. [18 de marzo de 2023].

En ese juego de apariencias, ¿por qué no manipular la dirección donde uno vive para que luzca más rimbombante? En Nueva York el mercado inmobiliario permite comerciar con la información postal y domiciliar el *glamour*. Un nuevo rascacielos en el Upper East Side, a la altura de la calle 60, ofrecía poder comprar la dirección del 520 de Park Avenue, mucho más *sexy*. Los constructores habían pagado a los verdaderos poseedores de la dirección —una iglesia— para que su edificio tuviera pedigrí.[69] Vivir en Park Avenue sin vivir en Park Avenue. La apariencia postal. Aurora boreal en *Sexo en Nueva York*.

Lejos del anecdotario, cuando ese ejercicio *fake* acaba dominando el centro del debate impide hacer diagnósticos pegados a la ciudadanía. Nubla la vista. Supone emanciparse de la realidad para manejarse en un constructo hecho de disimulos. En las elecciones de 2023, en Sevilla, la conversación giró en torno al plan que el partido finalmente ganador propuso para reordenar la milla de oro y su ancestral falta de sombreado. El presidente de Andalucía y el candidato a la alcaldía convocaron a la prensa en la avenida de la Constitución, a las dos de la tarde de un día de primavera, para demostrar la dureza del sol. La batalla electoral se disputaba en el centro… aunque los electores no estuvieran allí.[70] Porque aunque el sol salía para toda Sevilla, en su área central no vivía ni el 10 % de sus habitantes. En cambio, recibía toda la luz.

Una cosa es que todas las noticias no sean tan históricas como parecen, y otra que no estén sucediendo cosas a pie de calle que nunca antes nos habíamos planteado que sucederían. Como la decisión estratégica de, para *conservar*

---

69 Martín, Lucía. (2023). «¿Cuánto vale una dirección postal? En Nueva York es posible comprar una dirección glamurosa». *Idealista*. [En línea]. [7 de julio de 2023].

70 Rocha, Carlos. (2023). «La batalla de Sevilla se juega en el centro histórico (pero los votos están en la periferia)». *El Confidencial*. [En línea]. [10 de mayo de 2023].

el equilibrio urbano, ocultar de Google una línea de bus municipal, evitando que quienes la visitan sepan que pueden utilizarla. Ante el frecuente colapso del bus de la línea 116, que conectaba con los alrededores del Park Güell, la administración barcelonesa decidió innovar borrándola de Google Maps. Cuando les contaron la idea a los vecinos —que pasaron de tener un bus de barrio a un bus turístico donde no podían subirse— entendieron que se trataba de un parche ineficaz. Pura homeopatía. La cuestión es que comenzó a funcionar. Los vecinos salieron en las noticias pasando del escepticismo al reconocimiento. Podemos volvernos a subir al bus, albricias.

Si se hubiera ficcionado este episodio, o si se tratara de uno de esos alegatos de ensayistas como Anna Pacheco, entenderíamos que era una profecía subida de tono, a todas luces exagerada. La cuestión es que ya es una realidad. Una aceptación de que los problemas de fricción, en un asunto tan esencial como el uso de los servicios públicos, no se resuelven con mejoras de equipamientos, sino *hackeando* al turista. La propia Pacheco escribía en sus redes: «Esta noticia —aunque efectiva— es absolutamente grotesca y creo que da una pista sobre el futuro de las Ciudades Turísticas: son los vecinos quienes deben permanecer ocultos, debajo de la postal». Al tiempo que proclamaba el «Eliminemos Barcelona de Google».

De fondo es el mismo debate que supura mientras los municipios combaten la gran contradicción: la celebración eufórica de lo que consideran un éxito —cada vez nos visitan más— y la inquietud creciente ante un equilibrio que, como en una cadena trófica, se trastabilla. La decisión incómoda: gestionamos una ciudad para ciudadanos o para pasajeros.[71]

Y sin ciudadanía, solo paisaje. La apariencia justifica los discursos victoriosos con los que tantas urbes traducen

71 Molins, Vicent. (2024). «Pistas para València: cómo ocultar tu línea de bus más concurrida». *Valencia Plaza.* [En línea]. [20 de abril de 2024].

como beneficiosa la sustracción y tematización de sus propios centros. Pero esa falta de variedad, de usos compartidos, supone jugárselo todo al rojo en el casino. ¿Y qué ocurre cuando sale otro color?

San Francisco había picado en el anzuelo de convertir su *downtown* en un territorio sin habitantes, aunque con apariencia de estar poblado de gente en forma. Era el atajo para canalizar el interés de miles de corporaciones por estar en una ciudad de moda, quintaesencia del progreso tecnológico. Sin percatarse, estaba construyendo un edificio de muchas plantas con unos cimientos bien frágiles. La llegada de la pandemia desnudó la simulación. «Sumaba muchos más empleos, unos 100 000, que viviendas: en torno a cero. Es un caso muy ilustrativo del error de no construir casas al lado de las oficinas», argumenta Tracy Loh, investigadora en Brookings Institution.[72]

En el relato de la ciudad del Golden Gate, el factor de la atracción había prevalecido sobre cualquier otro elemento de discusión. Ser un polígono tecnoempresarial hacía que el progreso discurriera a todo trapo, pero una tormenta perfecta —virus, oficinas vacías, crisis del fentanilo— desató las alarmas: habían olvidado ser ciudad.

La Cámara de Representantes de Estados Unidos lanzó un programa que bajo el acrónimo SHOW UP [Apareced] procuraba el regreso de los habitantes a los centros urbanos. Eso nos suena. Era un SOS en toda regla que reconocía un derrape: ¿cómo hemos asumido que dejar a las ciudades sin ciudadanos es una buena idea? Edward Glaeser, autor de *El triunfo de las ciudades*, sintetiza la causa: «Se organizaron despiadadamente en torno a la eficiencia, y eso les ha hecho menos resistentes».[73]

72 Seisdedos, Iker. (2023). «Estados Unidos lucha contra la lenta agonía de su "downtown"». *El País.* [En línea]. [19 de marzo de 2023].
73 *Ibid.*

El estudio «Downtown Recovery»,[74] por la Universidad de Toronto, mide a partir de los datos de telefonía móvil la actividad en los centros de las ciudades de Estados Unidos y Canadá tras la pandemia. El *ranking* lo lidera Salt Lake City, cuyo centro no solo no se ha achicado sino que cuenta con un 39 % más de movimiento. La última de la cola es San Francisco, con una caída del 68 %. La primera apostó por viviendas cerca del trabajo —y por tanto por la mezcla de usos—, la segunda por el monocultivo de oficinas.

Esa obsesión monocolor arraiga cuando se asume que el desarrollo de un lugar depende únicamente de la rentabilidad que se extrae de su espacio. Pongamos que son oficinas sin viviendas cerca, pongamos que son visitantes cuyo beneficio supera al residente. En los dos casos, un sabotaje a la finalidad ciudadana de un territorio.

Noria

Cuando una antigua vicealcaldesa de Madrid, Begoña Villacís, propuso construir en su ciudad la noria más grande de Europa, lo hizo con el convencimiento de que haría girar la capital a la velocidad de la ruleta. «Toda una inversión que puede suponer para Madrid un antes y un después».[75] Con un coste estimado de 125 millones de euros, las previsiones apuntaban a 35 millones de beneficios anuales, 500 puestos de trabajo directos y 3 000 indirectos. Una bicoca de 120 metros de altura. La espectacularización de este tipo de propuestas juegan a que su capacidad para deslumbrar disimule sus riesgos. Ideas *fake* tanto por la ligereza

74 https://downtownrecovery.com/charts/rankings
75 (2020) «Villacís quiere instalar en Madrid "la noria más grande de Europa" que costaría unos 125 millones de euros». *Vozpópuli*. [En línea]. [4 de marzo de 2020].

de sus promesas económicas —brindis al sol— como por su desconexión de cualquier estrategia urbana. Su razón de ser es el propio reclamo.

«Ese mantra de "Madrid necesita un icono que la represente" se ha convertido en la liebre tras la que correr si no entiendes esta ciudad ni qué espacio ocupa ni dónde se sitúa su factor diferenciador», argumentó por entonces Nacho Padilla.[76]

Por aquellos días comenzó a dar vueltas la historia de la noria de Nueva York, *fake* urbano canónico. El economista Ramon Marrades, citando a *New York Mag,* contaba un episodio[77] que se puede resumir así:

> En 2006 el alcalde Bloomberg había anunciado la renovación del frente marítimo de Staten Island, el segundo más pobre después del Bronx y el de menos población, conectado por el famoso ferry que pasa cerca de la Estatua de la Libertad.
>
> En 2011 unos inversores capitaneados por el magnate inmobiliario «Big Rich» Marin presentaron el proyecto de construcción de una noria gigante.
>
> En 2012 Bloomberg anunció un plan para construir la noria bajo la promesa de que generaría 4,5 millones de usuarios al año, permitiría un equipamiento de 45 000 m^2 de centro comercial, haría posible 1 200 empleos temporales y 1 200 nuevos empleos permanentes.
>
> En 2013 el pleno del Ayuntamiento de Nueva York aprobó la construcción de la noria: se inauguraría en mayo de 2016.

---

76 Marín, Begoña. (2020). «La noria que Begoña Villacís quiere para Madrid es "banal" y "rancia". Hablan los urbanistas». *Icon Design.* [En línea]. [9 de marzo de 2020].

77 Marrades, R. [@RamonMarrades]. (24 de marzo de 2020). «Una historia de la fracasada e inacabada noria de New York. Una historia que ya no pasará en València pero podrá hacerlo en Madrid [Tweet]». https://twitter.com/ramonmarrades/status/1242450274888933376?s=46&t=SOjpM_C3xtPULYEqOiJ1mQ

En 2015 se iniciaron las obras, mientras que las primeras piezas importadas de Italia y Canadá llegaron en 2016. Poco después se anunció que la apertura se retrasaba a 2018.

Para 2017 las disputas sobre la inversión detuvieron el proyecto.

En 2018 el sueño de construir la noria más alta del mundo —190 metros— se apagó. Como resultado, los costes superaron los mil millones de dólares, cuatro veces lo previsto.

En 2019 el esqueleto de la noria se vendió en subasta judicial. El lote más grande se adjudicó a Reserve Management Group, una empresa de chatarra.

Como una contraseña que abre todas las puertas, multitud de alcaldías se abonan a pronunciar solemnemente una fórmula: impacto económico. De las norias a otras ferias, la promesa de beneficios supersónicos ha ido domando nuestras narrativas municipales hasta convertirse en el principal programa de acción. La apelación a las ganancias cósmicas asociadas a la visibilidad global reporta cohesión electoral, empina la autoestima y pone a quienes discuten los números en un rincón del cuadrilátero, forzados a personarse como enemigos del avance común.

Insinuar que la ciudad se verá ofrendada con miles de millones si es sede de ese evento del que usted me habla, no busca un refinamiento técnico, sino definir un sistema comunicativo por el que la celebración del evento resulte irrebatible. Adentrarse en detalles —a quién beneficia, de qué manera saca rendimiento la población local— lleva a posicionarse como contrincante, por tanto contrario al avance de la ciudad. Un sofisma perezoso, pero tan efectivo como un *clickbait* de primera.

De regreso a Vigo, su alcalde aseguró que el montaje lumínico por Navidad ofrecería un impacto de 750 millones cada diciembre.[78] En una comparecencia fue a más hasta asegurar que durante la Navidad la ciudad recibía más de 6 millones de personas al día. ¡Viva el relato con dato! *La Voz de Galicia,* no se sabe muy bien por qué, vio algo extraño en la cifra:

> Los números de Abel Caballero significan que 348 millones de personas visitaron Vigo entre el 19 de noviembre y el 15 de enero. Sería una cantidad de personas equivalente a la población de Estados Unidos —340 millones—, que es el tercer país con más habitantes del mundo. Venecia, una de las ciudades con más turismo del mundo, recibe 30 millones de personas al año y está colapsada. Son 800 000 al día, de media, es decir, siete veces menos que Vigo.[79]

El municipio, apurado, quiso aclarar que en realidad eran «6 millones en todo el período navideño». Teniendo en cuenta que en ese mismo tiempo, 2022, Sevilla era la tercera ciudad con más visitantes del país con 3,4 millones al año por detrás de Barcelona y Madrid, los 6 millones seguían siendo un *poltergeist* de luz. ¿Pero acaso importaba?

El motivo de estas cifras algaradas propias de la «cifra ficción» tenía que ver con el efecto que provocaba en la conversación: convertir el debate urbano en un acto de fe. «Es como una manzana podrida. Muchos sabemos que no está sana, pero a fuerza de ver cómo se multiplican las manzanas podridas acabamos pensando que todas las manzanas lo están y ya no confiamos en nada. La incredulidad general ha sustituido a la duda sistemática», explica Bruno Patino.[80]

---

78 R. V. (2022). «Abel Caballero prevé un impacto económico de la Navidad en Vigo de 750 millones de euros». *Faro de Vigo.* [En línea]. [8 de noviembre de 2022].
79 Paniagua, Ángel. (2023). «Abel Caballero da a entender que Vigo recibe seis millones de personas al día por las luces de Navidad y luego se corrige». *La Voz de Galicia.* [En línea]. [14 de septiembre de 2023].
80 Patino, B. (2022). *Tempestad en la pecera.* Alianza Editorial, p. 59.

Entremos en la liga de los cruceros extraordinarios. Durante los últimos años Málaga celebra su llegada con un fervor casi litúrgico. Como el inicio de la migración de las aves. Sirve de prueba ritual para constatar el interés renovado que la ciudad suscita más allá de sus confines. «Málaga se enamora del "Wonder of the Seas", el crucero más grande del mundo. En Málaga ayer fue una fiesta. El barco se veía desde los Baños del Carmen o desde la punta Oeste. Y esa expectación provocó atascos en los accesos a la terminal de cruceros, donde turistas y locales tomaban fotos sin parar», se leía en las crónicas de 2022, aunque sonaban a 1962. No es que el Papa hubiera llegado a la ciudad y estuviera justificado recibirlo con guirnaldas. En realidad habían atracado 230 000 toneladas con 7 000 pasajeros en sus entrañas.[81]

Las cifras cruceristas han soportado la promesa de la localidad. Cuanto más pasajeros, mayor reafirmación: la capital que progresa. Para 2016 un 7 % más de buques que un año antes, con un impacto económico previsto de 30 millones.[82] En 2022 recibe 342 000 pasajeros, en 2023 casi 500 000.[83]

Es pertinente preguntarse hasta qué punto en la relación entre coste y beneficio la ciudad sale ganando. Si es mejor esa apuesta. Si puede ser más rentable otra variante. Si hay un límite a partir del cual ya no conviene atraer

81 Rivera, Agustín. (2022). «Málaga se enamora del 'Wonder of the Seas', el crucero más grande del mundo». *El Confidencial.* [En línea]. [1 de mayo de 2022].
82 Ramos, Marta. (2016). «Málaga se consolida como puerto de grandes cruceros». *El Economista.* [En línea]. [30 de mayo de 2016].
83 Laghrissi, Chaima. (2023). «El Puerto de Málaga espera 200.000 cruceristas en solo dos meses». *La Opinión de Málaga.* [En línea]. [14 de septiembre de 2023].

más buques. «Estamos esperando un total de 46 escalas, que son muchas, un récord», cuantificaba Carlos Rubio, presidente de la Autoridad Portuaria de Málaga.[84] El vendedor de las coca-colas alardeando de sus beneficios. La escenificación de los logros urbanos termina por parecerse al anuncio publicitario en el que un emigrado escribe a su familia para contarle lo bien que le van las cosas en su nuevo destino, fabulándolas.

De crucero en crucero, pocas ciudades han tenido mejores resultados como marca que Venecia. Un lugar, hecho crucero en sí mismo, que de tanto triunfar se quedó sin población propia que pudiera gozar de la gloria.

Salvatore Settis se hace una pregunta: «¿El pueblo de Venecia sabe custodiar el corazón y la esencia de la ciudad?».[85] Se lo cuestiona a partir de la premisa de que solo el pueblo —quien conforma comunidades— tiene la capacidad de ofrecer un proyecto de futuro a su territorio. Pero acto seguido eleva la duda esencial: ¿sigue existiendo pueblo en Venecia?

Si a mediados del siglo pasado morían 1 932 personas y nacían 1 924, al llegar el siglo XXI morían 1 058 personas, por 404 nuevas vidas. Esta caída en picado de la población veneciana solo tiene un precedente: la peste de 1630. Pero si tras la peste el pueblo se redujo a 98 000 habitantes, ahora apenas mantiene 50 000.

Cuando una agrupación civil ubicó, junto a la farmacia Morelli, un contador con el número de residentes, activó en realidad una cuenta atrás hasta la desintegración. Pasar, pasar, pasar, sin necesidad de estar. De tanto mirar a los transeúntes, dejó de atenderse a sí misma, ensimismada. Un ejemplo de taxidermia, adjudica Marco d'Eramo a

84 García Barnés, Héctor. (2023). «Málaga versus Barcelona: por qué una España abraza los cruceros y la otra los rechaza». *El Confidencial.* [En línea]. [9 de mayo de 2023].
85 Settis, S. (2014). *Si Venecia muere.* Editorial Turner, p. 13.

las ciudades patrimonio de la UNESCO. «Se comete con una perfecta buena voluntad, para proteger —precisamente— un "patrimonio" de la humanidad. Pero proteger significa embalsamar».[86]

La luz roja del caso Venecia —pionero, espectacular, excesivo— representa la elección grotesca por los consumidores de paso. Venecia ve pasar a más gente que en toda su historia, pero nunca —ni tras la peste— ha sido menos pueblo. Mucho volumen, cierto, pero ¿qué valor? El gran éxito de la marca Venecia fue un éxito contra Venecia.

Expo

La Expo de Zaragoza, en 2008, fue considerada como una terapia de choque a la zaragozana. Un aquelarre para una comunidad. Bien al contrario, el Fórum Universal de las Culturas de Barcelona, en 2004, acabó siendo el punto de inflexión hacia el desencanto.

Al cumplirse 15 años de la Expo la prensa aragonesa la recordó en estos términos:

> Fueron tres meses en los que Zaragoza estuvo en el centro del mundo. Un día cantaba con su banda Patti Smith y al otro recorría sus pabellones el hoy emperador de Japón Naruhito. Cultura, fiesta y reflexión en torno al agua y el desarrollo sostenible.[87]

Los reyes del baile por un día. Warhol seguía teniendo razón. Zaragoza para gustar. Aunque las previsiones apuntaban a una llegada de más de 6 millones de visitantes, con un uso del 74 % de instalaciones una vez concluida la

86 d'Eramo. M. (2020). *op. cit.*, p. 115.
87 (2023). «Expo 2008: Un viaje a la nostalgia». *Heraldo de Aragón.* [En línea]. [14 de junio de 2023].

Expo, el principal indicador para medir el éxito de la cita no fue cuantitativo, sino sentimental: «La celebración de la Expo ha mejorado notablemente la autoestima de los ciudadanos de Zaragoza. Actualmente, los habitantes de Zaragoza se encuentran más satisfechos y orgullosos de su ciudad que antes de la celebración».[88] El presidente organizador, Roque Gistau, señaló como mayor beneficio «la recuperación de la autoestima de los aragoneses. ¡Lo que nos proponemos, lo hacemos!».[89] Gustar a los demás es la proteína con la que gustarse a uno mismo.

Otro de los indicadores para plasmar el buen balance del certamen residía en la amplia inversión conseguida para infraestructuras. Gobierno de España (70 %), Gobierno de Aragón (15 %) y Ayuntamiento de Zaragoza (15 %) costeaban la fiesta. Nada anormal si no fuera por el chantaje implícito al que se sometía a la propia ciudad: si una de las principales urbes españolas quiere tener infraestructuras decisivas hay que ponerse a atraer a muchos turistas extranjeros —apenas llegaron 250 000, un 4,5 %, muy por debajo de lo esperado—.[90] Una moraleja aragonesa: los habitantes locales no justifican por sí mismos la necesidad de nuevas dotaciones, sino que deben depender de eventos supuestamente internacionales para procurar avances.

Una vez la fiesta se acabó, la Expo dejó 500 millones de pérdidas, a pesar de estar dedicada al desarrollo sostenible. Poco que ver con los 20 millones de superávit previstos. Gran parte de los equipamientos construidos encontraron a la propia administración como inquilina, en una

88 Hermo García, Ignacio. (2011). «Impacto económico y social de los grandes eventos: el caso de la Expo Zaragoza 2008». Tesina de especialidad. Escola Tècnica Superior d'Enginyeria de Camins, Canals i Ports de Barcelona. [En línea]. [16 de febrero de 2011].
89 (2008). «Roque Gistau: "En Aragón, lo que nos proponemos... ¡lo hacemos!"». *Heraldo.* [En línea]. [14 de septiembre de 2008].
90 (2008). «La Expo de Zaragoza cierra con un 13 % menos del público previsto». *El Periódico de Zaragoza.* [En línea]. [16 de septiembre de 2008].

puerta giratoria que trae a la memoria el conocido «efecto Fitur»: regiones que van a IFEMA a contar a los periodistas de su región sus propias bondades.

Pero mientras que la Expo zaragozana había insuflado *orgullo y satisfacción* a sus habitantes, el Fòrum Universal Barcelona contribuyó al principio de la desazón barcelonesa. «De la gloria olímpica a la frustración del Fòrum. El evento del 2004, impulsado por Clos, no atrajo el interés ni la complicidad de la ciudadanía», explicaba *La Vanguardia*.[91] Barcelona tenía donde comparar, y cualquier comparación con los Juegos Olímpicos del 92 —la madre de todos los relatos— era perdedora.

Con el 92 a las ciudades españolas les vino a ocurrir como con el paradigma de la primera edición de Gran Hermano: las siguientes ediciones contaban con concursantes intentando imitar el comportamiento de los de la edición fundacional. En la presentación de la candidatura de Málaga para la Expo 2027 el tenista Rafa Nadal fue uno de ellos: con los Juegos de Barcelona ya «nos demostramos a nosotros mismos y al resto del mundo que estamos listos», dijo. ¿Listos para qué? Habían pasado más de 30 años de Cobi, pero las ciudades parecían instaladas en el mismo anhelo: no es que quisieran ser Barcelona, es que querían ser *esa* Barcelona.

La propia capital catalana caía en la pretensión de reeditar su historia olímpica, con una narrativa más nostálgica que visionaria. «La Copa América se propone revivir el 92 con 2 300 voluntarios».[92] O también: «Barcelona'92 logró que la ciudad dejase de estar de espaldas al mar, ahora se quiere volver a conseguir», decía el responsable del Saló Nàutic, Luis Conde.

91 Pérez, Beatriz. (2017). «De la gloria olímpica a la frustración del Fòrum». *El Periódico*. [En línea]. [21 de julio de 2017].
92 Muñoz, Óscar. (2023). «La Copa América se propone revivir el 92 con 2 300 voluntarios». *La Vanguardia*. [En línea]. [7 de junio de 2023].

Viajando en el tiempo, hay un giro inesperado en la candidatura de Barcelona'92. Poco antes de su presentación final ante el Comité Olímpico Internacional (COI) se topó con un adversario: Abel Caballero. El por entonces ministro de Transportes criticó que la candidatura ligara su futuro a la ampliación del aeropuerto e hiciera chantaje con ello.[93] Consideraba que no era necesario ampliarlo, lo cual generó disonancias y la sensación de que el Gobierno central y las instituciones catalanas no tenían plena sintonía. Si a Abel Caballero le hubieran prometido salas de embarque con luces navideñas...

Barcelona'92 había terminado convirtiéndose en un listón inalcanzable también para las ciudades olímpicas que vinieron después. «La maldición global de los Juegos de Barcelona», acuña el especialista en economía olímpica Robert Baade.[94] La serie de beneficios que había acumulado la ciudad del Cobi supuso para el COI una bicoca: más urbes que nunca quisieron darlo todo a cambio de ser sede de unos JJ. OO. Baade cree, en cambio, que el problema «se encuentra en que lo que se ha definido de manera vaga como el modelo Barcelona (...) se ha convertido en un fin en sí mismo: el *marketing* de ciudad global que puede cambiar la percepción sobre una ciudad». El reto olímpico como palanca para renovar la marca-ciudad y batir el récord de atención mundial.

Hijos

Si un analista con cero contexto analizara la evolución en la natalidad de los barrios más céntricos de nuestras

93 Mercader, Jordi. (1986). «La unanimidad institucional sobre Barcelona 92, lograda tras una etapa de grandes reticencias». *El País.* [En línea]. [18 de octubre de 1986].
94 Barnés, Héctor G. (2021). «La maldición de Barcelona 1992: cómo el éxito español arruinó los juegos para siempre». *El Confidencial.* [En línea]. [24 de julio de 2021].

ciudades de moda, concluiría que se está aplicando una política contra la natalidad. Y que está resultando la mar de eficaz. Si en Barcelona por cada niño hay 3,6 adultos —entre 25 a 59 años—, en aquellas zonas de mayor inflamación turística el número de pequeños conduce a un escenario de aguja en el pajar. Hay 6,2 adultos por niño en La Barceloneta, 7,4 adultos por niño en el Born, 8,2 adultos en el Gòtic. «El centro selecciona los flujos migratorios, porque se ha convertido en exclusivo y excluyente. Quienes llegan lo hacen por un atractivo individual —un trabajador cualificado, un *expat*, un estudiante de máster, doctorando...— y los que se marchan obedecen más a un determinante familiar», explica el investigador de la UAB Antonio López Gay.[95]

«Solo hay 429 niños censados en el distrito —en el Centro de Málaga—, por los 4 778 pisos que se ofertan para alquiler vacacional», daba cuenta el diario *Málaga Hoy.*[96] «En el centro de Madrid ya hay más pisos turísticos que niños», titulaba *El Confidencial.*

Un escenario que contribuye a esa percepción *fake* de unas franjas de territorio capturadas con la finalidad de ser exhibidas, y que por tanto requieren de la ausencia de vida residente: ¿qué sentido tendría que se alumbren allí nuevas vidas cuando de lo que se trata es de atraer al prójimo y que todo el mundo transite rápido?

Habrá que agradecerle al inversor Roberto Centeno —presidente del fondo Atitlan y uno de los destacados prohombres del suelo— que con una franqueza inusitada presentara los motivos del plan «cero hijos». En un encuentro sectorial, se confesaba: «Es una barbaridad que una ciudad como València tenga en su primera línea de

95 Blanchar, Clara. (2024). «Los niños pierden peso en la población de Barcelona: en el 78 % de los hogares no hay menores». *El País*. [En línea]. [01 de septiembre de 2024].
96 Pedrosa, Jorge. (2023). «Las viviendas turísticas superan ya a los habitantes en el Centro de Málaga». *Málaga Hoy*. [En línea]. [07 de febrero de 2023].

playa solo un hotel de lujo como es Las Arenas y el resto sea un hospital, un instituto y viviendas VPO».[97]

¡Quién quiere niños en los barrios de moda cuando puede tener turistas *premium*! Centeno pone voz a ese pensamiento ciclado por el cual el éxito de una urbe siempre depende de cómo y cuánto se exhibe. Esa zona playera con casas y hospitales debería estar llena de «hoteles de cinco estrellas» y no sufrir el incordio de usos que no se corresponden con un lugar «de primer nivel». «Eso es una ciudad que no se ha creído su potencial», añadía Centeno, escandalizado.

No viene al caso discutir sobre la ausencia de sensibilidad o el baremo ético al considerar que un barrio debe hacer a un lado sus equipamientos públicos con tal de pavimentar una realidad paralela. El tuétano del asunto vuelve a ser con qué se mide el éxito y a partir de qué no: llenar de hoteles la playa es éxito, combinar usos para ciudadanos distintos es retraso. ¿Y quién quiere ser *loser*? El éxito es el *click*. Quien sobra es la ciudad. También la regeneración social. Esto es, los hijos. *Adults only.*

15 MINUTOS

> Una nueva amenaza se cierne sobre la humanidad. Las élites globalistas quieren encerrarle a usted en su barrio. Proponen un sistema —parecido al de los Juegos del Hambre— en el que la población no se desplace para reducir las emisiones. ¡La alerta climática lo justifica todo! La idea es crear núcleos urbanos en los que todo esté a 15 minutos a pie o en bicicleta y ya se está implantando en lugares tan dispares como Oxford, París o Milán. ¿A que no se lo había contado nadie? Ojo con este asunto, porque nos va a amargar la vida en los próximos años.

97 Torres, Begoña. (2024). «Centeno: "Es una barbaridad que València tenga un hospital, VPO y solo un hotel a pie de playa"». *Valencia Plaza*. [En línea]. [02 de julio de 2024].

Este fragmento, que pilló al vuelo Analía Plaza,[98] fue pronunciado en el programa *El Gato al Agua,* de la cadena El Toro TV. Era la reacción con ayahuasca ante los planes de unas cuantas ciudades para aplicar el modelo de los 15 minutos, el diseño teórico del urbanista Carlos Moreno desde la alcaldía de París. Coincidía en el tiempo con algunas protestas en Oxford, donde grupos «anti15» utilizaban un argumento similar para oponerse al control segmentado del uso del coche en algunas vías de su ciudad.

Las soflamas conspiranoicas, cegadas por el trazo grueso, restaron espacio para hacerse algunas otras preguntas más pertinentes y menos ebrias. Lejos de teorías malévolas, Esteban Hernández advierte del trasfondo de que una idea urbana como la de los 15 minutos se limite a un «*rebranding*», esto es: vender «algo habitual mediante un término nuevo».[99] Ante la promesa de embellecer la superficie y permitirnos respirar mejor, cabe pedir pruebas para comprobar que no se trata de una simple operación homeopática.

A la ciudad de los 15 se le presupone la buena intención y se la enmarca en el deseo de ejercer de «urbanismo postraumático».[100] El antídoto contra las ciudades sometidas al acoso inmobiliario, el turismo desbordado o los efectos de la pandemia. Pero ¿por qué entonces en algunos de los lugares donde se ha implementado con más fuerza se recrudecen las dolencias? Un lavado de cara que también deriva en un alejamiento progresivo de los vecinos habituales, incapaces de seguir el frenesí inmobiliario.

Señala Hernández:

---

98 Plaza, Analía. (2023). «Te encerrarán en tu barrio y no podrás salir: el plan de ciudades caminables que enloquece a los conspiracionistas». *El Periódico de España.* [En línea]. [17 de febrero de 2023].

99 Hernández, Esteban. (2023). «La izquierda tiene una nueva propuesta política: la "buena vida"». *El Confidencial.* [En línea]. [12 de marzo de 2023].

100 García Vega, Miguel Ángel. (2021). «La ciudad de los 15 minutos». *Ethic.* [En línea]. [15 de octubre de 2021].

> En la medida en que el coste de las viviendas, compradas o en alquiler, consume buena parte de las rentas, mucha gente, y en especial la que menos recursos tiene, se ve obligada a residir lejos si quiere mantener unas condiciones habitacionales dignas. Lo que no se paga en dinero, se paga en desplazamientos, es decir, en tiempo.

La ciudad de los 15 minutos daba pasos adelante en Barcelona, formulada a partir del programa *Superilla*. Pastillas ganadas al coche para reducir la contaminación, facilitar la convivencia peatonal y acercar las relaciones vecinales. A todas luces una mejora urbana. Pero repitamos: ¿para quién? En la calle Consell del Cent, zona cero Superilla, las rentas de alquiler se duplicaron en dieciocho meses; el número de pisos para alquiler de menos de un año se triplicó;[101] fondos de inversión captaron bloques enteros, como el de Casa Orsola en el chaflán entre Consell y Calàbria —con pisos vaciados que superaban los 2 500 euros de alquiler—.[102] Un *rebranding* la mar de exitoso... para la revalorización de las propiedades. Correlación no implica causalidad, pero a la altura del Cent no basta con engalanar las calles y desplazar coches.

En los mismos días que València discutía sobre si los maceteros de su recién peatonalizada plaza del Ayuntamiento eran o no muy feos —la cuestión copó portadas y escandaleras—, en paralelo los problemas verdaderos escalaban en la sombra: en 26 de los 88 barrios el precio del alquiler había subido más de un 50 % desde 2015, en todos ellos

101 Salvador, Rosa. (2023). «Las supermanzanas disparan los pisos de temporada y doblan los alquileres». *La Vanguardia*. [En línea]. [18 de junio de 2023].

102 Blanchar, Clara. (2023). «Una vecina del Eixample de Barcelona: "No se puede vivir de alquiler en la Superilla, aquí no quedará nadie"». *El País*. [En línea]. [17 de abril de 2023].

lo había hecho al menos un 30 %.[103] Los bajos de áreas paradigma como Ciutat Vella o el Cabanyal comenzaban a llenarse de cajas de código en su puerta. De nuevo, la adecuación a una demanda que no llamaba al timbre porque ni lo necesitaba: la Comunitat Valenciana se situaba entre las cinco regiones europeas que más noches de Airbnb sumaron en verano. Definitivamente València no necesita conseguir ser una ciudad de 15 minutos, necesita no dejar de serlo.[104] Porque lo que no se puede pagar con dinero... se paga con tiempo.

Un estudio de la Universidad de Bristol bajo el título «Urban Studies»[105] constata cómo el de los 15 minutos es un impulso honorable que corre el peligro de ser contraproducente si solo crece con fines promocionales, citando casos como los de Goutte d'Or en París, Stradera en Milán o Brixton en Londres. Sus autores explican:

> Lo que defendemos es que, para evitar intervenciones de arriba abajo dirigidas por el *marketing* de cada barrio, es importante considerar los riesgos potenciales de la gentrificación relacionados con la integración de la mezcla, servicios mejorados y nuevas infraestructuras de movilidad en las áreas urbanas marginalizadas.[106]

La vecindad coincide en que las calles están mejor que nunca, al tiempo que se queja de que el precio de los alquileres los aleja de sus barrios. Era cuestión de tiempo que

103 Gil, Guillermo R. (2024). «El alquiler en València, calle a calle: los precios suben más de un 50 % en 26 barrios desde 2015». *Valencia Plaza.* [En línea]. [10 de marzo de 2024].

104 Gil, Guillermo R. (2024). «La Comunitat, entre las cinco regiones europeas que más noches de Airbnb sumaron en verano». *Valencia Plaza.* [En línea]. [8 de abril de 2024].

105 Casarin, G., MacLeavy, J. & Manley, D. (2023). «Rethinking urban utopianism: The fallacy of social mix in the 15-minute city». *Urban Studies*, 60 (16), 3167-3186.

106 García Barnés, Héctor. (2024). «Cuando las utopías urbanas se convierten en distopías: las otras ciudades de 15 minutos». *El Confidencial.* [En línea]. [8 de enero de 2024].

surgiera un término aparentemente chiflado: la «gentriansiedad», el miedo a las mejoras urbanas. *La Vanguardia* titulaba con una de aquellas frases que definen una época: «¡Socorro, mi barrio se está poniendo precioso!».

A la vez brotó una polémica de primer mundo a propósito de la biblioteca Gabriel García Márquez, en el distrito barcelonés de Sant Martí. La *quintaesencia* de las bibliotecas del futuro que, a pesar de su apariencia majestuosa, fue objeto de un debate encarnizado. Tras su visita al edificio, Eric Klinenberg recibió críticas por catalogarlo como uno de los «palacios del pueblo» y por decir que contribuiría a mejorar su entorno. Algunos usuarios, con cara de Grinch, consideraron que proyectos así lo que hacían de verdad era fragilizar el equilibrio de su barrio. «Una cosa perturbadora sobre este momento en el urbanismo es que cada proyecto bello genera tanta ansiedad por la gentrificación como elogios por hacer las cosas mejor. Y más perturbador aún es saber que esas ansiedades están justificadas», aclaró Klinenberg, contemporizando.

Puede parecer una diatriba forzada, pero también es la manifestación de un hartazgo: tras comprobar cómo supuestas mejoras urbanas resultan contraproducentes, aparece una aspiración perversa: el deseo de que nadie haga nada. Es una reacción injusta, sí, pero también el síntoma de un exceso de homeopatía.

Hay un problema de expectativas. El *rebranding* plantea soluciones rápidas y sencillas a cuestiones cuya complejidad desborda al propio sistema de la ciudad demasiadas veces. Un exceso de relato para una realidad escasa. Pedro Bravo, advertía:

> ... los madrileños dedican 62 minutos diarios en llegar al trabajo y un 13 % de los usuarios del transporte público gasta más de dos horas en esa misma misión. Seguro que a todas esas personas lo

de ganar tiempo para la vida es algo que les suena muy bien, pero pasar de 120 minutos a 15 es posible que les parezca imposible.[107]

Cuando lo pides por AliExpress, cuando te llega. Abonarse a esa dinámica de disonancias fabrica la gran distorsión: concluir que es mejor no pedir nada, que no te llegue nada.

107 Bravo, Pedro. (2022). «Sobre la ciudad de los 15 minutos, la justicia social y la necesidad de un cambio también en la comunicación política». *ElDiario.es*. [En línea]. [8 de octubre de 2022].

III

Ponte guapa

Una marca para gustar

Tras crear máquinas diseñadas para gustar —llamadas marca-ciudad—, muchas localidades de España se lamentan por un pequeño contratiempo: hay demasiada gente en sus calles. ¿Cómo hacer para gustar solo a quien conviene?

Tapas

Granada estrenó su cuarta imagen de marca en quince años. Esta vez el emblema perseguía mostrar sofisticación con un lema renovado: «Una obra maestra».[108] El lema iba acompañado de las teselas de la Alhambra. La ciudad apostaba por acoger un turismo más selectivo y aumentar las pernoctaciones, hasta el momento su talón de Aquiles. La marca turística parecía querer mostrar Granada más como una joyería cara que como un ultramarinos de barrio. En ese viaje hacia el refinamiento incluso cabía una herejía: ¡su alcalde anunció que quería cargarse las tapas que se regalan con la cerveza! «No vamos a promocionar más tapas gratis, nunca más. Las tapas hay que pagarlas porque son alta gastronomía».

De fondo, una intención: transmitir que, en Granada, se paga. O lo que es lo mismo: queremos turistas más cualificados, porque los que venís sois unos tacaños. El *tapa-*

108 (2022). «Las teselas árabes inspiran la nueva marca turística de Granada». *Ahora Granada.* [En línea]. [14 de noviembre de 2022].

gate desató una crisis de enorme magnitud. Los hosteleros pusieron el grito en el cielo, denunciando que quitar la tapa era robarle a Granada una de sus «señas de identidad». Como escribió Gonzalo Cappa, «querer acabar con las tapas gratis ha sido para muchos como anunciar que la Alhambra se va a desmontar para trasladarla a Sevilla».[109]

El alcalde, claro, no siguió siendo alcalde mucho más tiempo. Su sucesora, prevenida, no quiso resucitar el episodio, pero insistió en la proyección de Granada como ciudad lujosa frente a esa ciudad donde con una tapita y dos cervezas, basta. «Metamorfosis nazarí», «Granada quiere ser la nueva Málaga», titulan los medios ante el deseo de formalizar una milla de oro con hoteles cinco estrellas y programas para acoger a nómadas tecnológicos.[110] «Granada está de moda», se lee, en un epíteto aplicado con constancia a cualquier coordenada.

Quince años antes —cuando los turistas que llegaban en masa no eran tomados por el Gobierno municipal como una panda de desclasados— la promoción que se impuso para verbalizar los valores de la ciudad era muy diferente: «Gracias, de nada». O lo que es lo mismo:

GRACIAS,
DE**NADA**.

El juego conceptual buscaba ensalzar el carácter acogedor de la población. «Había que jugar con el agradecimiento de Granada hacia los visitantes y el que ellos nos tienen por el buen trato que se les dispensa», explicó el creativo,

109 Cappa, Gonzalo. (2022). «La herejía de cobrar por las tapas en Granada: el alcalde aplaca las críticas a pie de barra». *El Confidencial*. [En línea]. [18 de abril de 2022].

110 Holgado, Álvaro. (2023). «Granada quiere ser la nueva Málaga: el precio a pagar por convertirse en la otra "ciudad de moda"». *El Confidencial*. [En línea]. [4 de noviembre de 2023].

en un contexto en el que las tapas gratis no se discutían.[111] Lo único que entonces levantó cierta polvareda fue el descubrimiento de que un catalán había hecho un grafiti en una pared del Albaicín con ese mismo lema, un año antes, y por tanto pedía el *copyright*.

La lección no pasa tanto por discernir cuál es la mejor forma de representar Granada, sino porque todas las variantes del mensaje de ciudad tienen un mismo destinatario: quien tiene que venir en lugar de quien vive. Una Granada pretendida, con o sin tapas.

Cambiemos de plato. «La industria de Asturias es gustar», señala un titular glorioso de *La Nueva España*.[112] De las minas al cachopo, en una generación. La reconversión hacia el turismo. Sin rastros de carbón ni vagones chirriantes, sino con una actividad masiva que confunde su aspecto con el del *hobby* dominguero. Esa falta de conciencia industrial, estructural, impide evaluar sus límites.

Muchas ciudades pasaron de la imagen humeante a proyectarse como ciudades balneario. Del carbón al *spa*, la producción se invisibilizó. La industria parecía no existir, ya no estaba en nuestros barrios. En Barcelona, urbe fetiche del cambio, la crisis textil había hecho *spoiler*. «Muchas empresas, la mayoría de capital familiar, descubrieron que los productos que fabricaban no eran competitivos», describe Ramon Aymerich.[113] «Ante eso tenían dos opciones posibles: una era invertir, mejorar sus productos y probar a competir; la otra era vender la empresa y desentenderse de una actividad a la cual ya no le veían futuro. (…) Seguir con la industria era un camino incierto y poco rentable;

111 Gómez, Juan Enrique. (2008). «El nuevo logo de la ciudad ya estaba en una pintada en el Albaicín hace un año». *Ideal*. [En línea]. [jueves, 15 de mayo de 2008].
112 Riera, Mariola / Cuervo, Javier. (2023). «La industria de Asturias es gustar: así vive la región su reconversión al turismo». *La Nueva España*. [En línea]. [25 de diciembre de 2023].
113 Aymerich, R. (2021). *op. cit.*, pp. 134-135.

las ganancias que se podían obtener no eran comparables con las del mercado inmobiliario y turístico». Decidimos globalizarnos desde Salou y Magaluf.

Nuestra narrativas, enfocadas a un solo propósito —gustar, gustar, gustar—, manteniendo en alto la excitación, impiden considerar otra industria que no sea la del agrado. Marco d'Eramo advierte de los resultados del desequilibrio:

> Del mismo modo que para los cuerpos existe una temperatura exacta en la que pasan del estado sólido al líquido o del estado líquido al gaseoso y es la temperatura en la que se verifica la transición de fase, puede definirse un umbral preciso que separa una ciudad turística en sentido estricto de una ciudad que vive también del turismo: mientras el flujo de los visitantes no supera este umbral, los turistas disponen de servicios y prestaciones pensadas para los residentes. Superado este umbral, en cambio, los residentes se van obligados a disponer de servicios pensados para los turistas.[114]

Aquellos asentamientos definidos a partir del vínculo entre corporación y producción puede que suenen a un viejo mundo. Son las ciudades entregadas en cuerpo y alma a una marca. Las historias de amor entre Eindhoven y Philips, Essen y Krupp, Detroit y General Motors, Turín y Fiat, Clermont-Ferrand y Michelin. Bajo el manto protector de la marca patriarcal, aquellas relaciones intrínsecas explicaban a menudo la razón de ser de esas ciudades. Era la productividad pero también eran sus narraciones. Permitía ecuaciones muy simples, con pocos factores: la ciudad de los electrodomésticos, la ciudad del acero, la ciudad del automóvil, la ciudad de los neumáticos. *La ciudad de.*

Lo que sucede narrativamente cuando las ciudades rebasan su umbral turístico parece responder al mismo man-

114 d'Eramo, M. (2020). *op. cit.*, p. 96.

dato: se configuran —y se cuentan— a partir de una única actividad. Y esa actividad pasa por interpretar lo que se espera de ellas. Se enfundan la equipación de su propia marca-ciudad para exhibirse en el gran juego. Es el turismo, aunque no solo es el turismo. Es la atracción. Hechas *company towns,* subyugadas a una «compañía» sin nombre a partir de una promesa líquida: visitantes, inversión, aceleración.

A diferencia de las *detroits* o las *eindhoven,* a diferencia de las especializadas *lasvegas* o *benidorms,* para nuestras ciudades ni tan siquiera es necesario lograr la actividad que ansían para mudar la piel y ser como ellas. No les hace falta tener industria para considerarse industriales. Pueden mostrarse como ciudades turísticas sin tener demasiado turismo. Es un paso previo, una fianza: parecerse a aquello que se pretende. La marca-ciudad se define desde esa aspiracionalidad, no desde la productividad constatada.

Posa't guapa

Eduardo Maura, en su libro *Los 90,* encaja con ingenio dos episodios paradójicamente ochenteros, en apariencia desconectados entre sí, pero que definen bien los propósitos fundacionales de dos marcas.

En 1984, en un festival de música en el Palacio de Deportes de Madrid, su alcalde enrollado, Tierno Galván, pronunció *su* frase, confusa y emancipadora: «El que no esté colocado, que se coloque». La anécdota, explica Maura, podría manipularse hasta dar entender que lo de «colocarse» en realidad es una petición para situarse «en una buena posición, para hacer negocios o para hacerse hueco en el tramo medio-alto del entonces pujante *star system* cultural español», aunque «es obvio que se trata de una exhortación al disfrute y a la libertad de hacer con el cuerpo lo que se quiera (...) todo un mandato de evasión de la realidad. Sin embargo, ¿por qué habría que evadirse de un proceso tan exitoso y capaz de generar un resultado social de tanto consenso como en apariencia era el proceso de cambio que ofrecía el país?».[115]

Si la frase de Tierno denotaba cierto espíritu a la madrileña, su «par dialéctico» sería la campaña «Barcelona, posa't guapa» que un año después, en 1985, exhortaba a los barceloneses a un cambio de estado. «Fue un gigantesco proyecto de modernización en el que se conjugaron, desde la iniciativa municipal y empresarial, los principios de terciarización de la economía y de transformación del tejido urbano a través de la arquitectura, las industrias visuales, el turismo y la cultura», define Maura.[116]

Ambos casos suponen un intento de imponer unas marcas de éxito que requerían de la complicidad social, por tanto, de que esa sociedad interpretara su papel de forma un tanto acrítica. En ese sentido Maura rescata el testimonio del exdirector del Museo Reina Sofía, Manuel Borja-Villel, y su experiencia cuestionando el discurso oficial de la Barcelona de ardor olímpico: «Fui a una entrevista en la radio para presentar la exposición [*La ciutat de la gent, Fundació Antoni Tàpies*, 1996] y un tertuliano me metió un puro en directo: "¡Qué van a opinar los oyentes! ¡Usted es un impresentable, dar esa imagen de Barcelona en 1995, cuando se necesita que todos apoyemos la ciudad, que está mejor que nunca"».[117]

Casi cuarenta años después de aquellos episodios —guapas y colocadas las quiere el señor—, el exdirector creativo de los dos municipios, Nacho Padilla, respondía sobre qué demonios significa la marca Barcelona y la marca Madrid:

115 Maura, E. (2018). *Los 90: Euforia y miedo en la modernidad democrática española.* Akal, p. 12.
116 *Ibid*, p.13.
117 Expósito, M. (2015). *Conversación con Manuel Borja-Villel.* Turpial, p. 73.

> Hay que ser muy humilde y entender que las ciudades son unos entes y unas comunidades con muchísima historia, muchísimo peso y millones de personas que las han ido construyendo. No tiene sentido que de repente lleguen un montón de comunicadores y digan que Barcelona es esto o lo otro. Las ciudades son muy complejas. Hay que encontrar un relato en el que la gente que vive se sienta cómoda y representada. Por ejemplo, Madrid no tiene icono, pero tiene un carácter muy reconocible. Cuando trabajé en *Contrapunto,* había un *claim* que usábamos para turismo: «Cuando vienes a Madrid ya eres de Madrid», con Manuela Carmena lo trasladamos a «Madrid te abraza». Es una ciudad que te acoge y que, seas como seas, te quiere. Ayuso usa el mismo relato desde una perspectiva mucho más individualista, una ciudad que te deja ser. La camisa es la misma, se la pueden poner Ayuso y Carmena, y eso es el éxito de un relato. Si el relato de Barcelona se lo pueden poner Colau y Trias, es un relato que funciona, porque al final terminas dándole la perspectiva que tú quieres.[118]

En ese juego entre apariencia y autenticidad, los informes que el Barcelona Global International Council hace cada año sobre la reputación de la ciudad tienen una potencia reveladora. Barcelona Global se presenta como una «asociación privada, independiente y sin ánimo de lucro, formada por 244 de las empresas, centros de investigación, emprendedores, escuelas de negocio, universidades e instituciones culturales líderes de la ciudad, y más de 930 profesionales que quieren hacer de Barcelona una de las mejores ciudades del mundo para el talento y la actividad económica».

En su documento anual ponen nota a la percepción de la «Marca Barcelona».[119] La capital catalana alcanza la mayor nota —4,69 sobre 5— en su grado de conocimiento en el mundo. Cuando se pregunta a los encuestados por los atributos más «auténticos» de Barcelona, la creatividad

118 Ballbè, Bibiana. (2023). «Barcelona se tiene que valorar más». *The New Barcelona Post.* [En línea]. [20 de mayo de 2023].
119 Barcelona Global International Council. (2022). «Perception Survey & Press Report Diciembre 2022». [En línea].

alcanza un 3,98, su potencia de marca un 4,53. Por el contrario, su inclinación a los negocios cae al 2,86.

El capítulo más provechoso viene cuando se les pide que digan con qué sectores asocian Barcelona y con qué sectores les gustaría que Barcelona fuera asociada. La identifican con el turismo, la gastronomía y los deportes. Pero desean que Barcelona se empareje narrativamente con la investigación tecnológica, el *data* y los negocios innovadores. ¡Queremos un Silicon Valley!, se escucha de fondo.

Celebran la tipicidad por la que la capital mediterránea se volvió global al tiempo que piden no pasarse con tanta autenticidad. «Barcelona *posa't guapa*», pero no vayas provocando.

Éxito

Uno de los principales gurús sobre el exhibicionismo urbano, Greg Clark —asesor sobre ciudades futuras en HSBC—, pasaba por el Hay Forum Sevilla y dejaba multitud de ideas sobre el éxito:

> «Todas las ciudades exitosas del mundo tienen turismo. Así que no se debe de renunciar al turismo. Lo que tenemos que hacer es atraer a aquellos turistas que realmente queremos, tenemos que ser más selectivos y exigentes y que vengan aquellos turistas que más aportan a la ciudad».[120]
>
> (Ante eso cabría preguntarse —a modo de trabalenguas— si son ciudades que tienen éxito porque tienen turismo o tienen turismo porque tienen éxito. Cabe otra opción: que la única vara de medir el éxito sea el turismo, por tanto que no quede otra opción de éxito que no sea el turismo).

120 Hdez. Velasco, Irene. (2024). «El gran experto en ciudades dicta sentencia: el problema de la vivienda se arregla con más casas». *El Confidencial.* [En línea]. [9 de marzo de 2024].

«Lo importante es saber qué aspecto de nuestra ciudad realmente queremos desarrollar y qué tipo de turistas queremos. Una vez lo tengamos claro hay que desarrollar la oferta de *marketing* para dirigirnos a las personas que deseamos y no dirigirnos, ni siquiera por accidente, a las personas que no deseamos».

(¡Ajá! Si pensabas que la ciudad debía repensar su desarrollo a partir de sus propias condiciones, del avance de sus ciudadanos... error. Clark insiste en la romantización del turismo elegido —traducción: ahuyentar a aquellos turistas de economía austera—. ¿Está hablando de una ciudad o de un club privado?).

«También hay que asegurarse de que haya un consenso entre los proveedores de hoteles, los proveedores de restaurantes, los clubes nocturnos, las aerolíneas y las compañías navieras si la ciudad tiene puerto sobre el tipo de turismo que se quiere y el tipo de turismo que no se quiere. Y una vez que se tiene ese consenso, se empieza a orientarse hacia él».

(¿Pero no es lo que ya ha ocurrido en la mayoría de plazas, con acuerdo amplio entre operadores?, ¿no es la fórmula de la coca-cola de Joan Gaspart por la cual los «proveedores» deciden que el tipo de turismo que quieren es... más turismo?).

Esa carrera por proyectar la ciudad como una marca ganadora —¡éxito!— pone a los ciudadanos en la tesitura de ser extras de un decorado del cual no pueden escapar. Marcas de arriba a abajo que acaban entregando su alma a campañas de *marketing* sin atender a lo más elemental: una ciudad debe parecerse a sí misma.

La ciudad inglesa de Leeds presentó su marca-ciudad con el objetivo de «mejorar su imagen global».[121] Lo hizo bajo la expresión «Leeds Live It Love It», tan *propia*, tan *genuina* que pronto se dieron cuenta que la oficina de turismo de Hong Kong la estaba usando ya. No solo es que

121 Marshall, Aarian. (2014). «A Brief History of City Branding Disasters». *Bloomberg*. [En línea]. [7 de noviembre de 2014].

las ciudades se parezcan entre sí, es que también hay un solapamiento de los relatos con los que se cuentan. La oposición laborista pidió explicaciones al alcalde por la inversión desperdiciada, pero debió hacerlo por la falta de amor propio.

Cuando la ciudad de St. Louis, en Misuri, lanzó una campaña para evidenciar la vitalidad de su centro urbano, el crítico cultural Aaron Renn se preguntaba cuál era esa ciudad de la que estaban hablando; no se parecía en nada a la que él vivía:

> Comienza con hípsters jugando a los bolos. Podría creerse que hay hípsters que juegan a los bolos en St. Louis. Pero aproximadamente un tercio del vídeo lo ocupa un desfile de moda. ¿Un desfile de moda? No estoy diciendo que no haya desfiles de moda en St. Louis, ¿pero es esa realmente la promesa de marca de la ciudad? No puedes convencer a la gente de que esto es una especie de mini-Nueva York, como intenta hacer esta serie de vídeos. Simplemente no funciona.[122]

El mismo Renn destaca como caso de éxito el anuncio que la compañía Chrysler hizo junto a Eminem —«Imported From Detroit»— presentado en la Super Bowl de 2011: «Logra retratar honestamente la decadencia y las luchas de la ciudad, al tiempo que destaca la determinación de sus residentes y la historia de la ciudad como un importante centro musical. De hecho, el anuncio hace un trabajo mucho mejor vendiendo Detroit que los propios automóviles Chrysler».[123]

Sencillamente, trataba a Detroit como la ciudad que es —y que quiere ser— y no como un lugar intentando imitar a otro con mejor audiencia. La distancia entre proyectarte como quieres que te vean… o tal y como eres y puedes ser.

122 *Ibid.*
123 *Ibid.*

El anuncio impactó en la autoconciencia de Detroit al punto de que su ayuntamiento ha acabado contratando a una especie de narrador oficial. El periodista Aaron Foley se convirtió en un altavoz municipal para proyectar la voz de los vecinos. «Los habitantes de Detroit necesitan conocer mejor a sus vecinos (...) Parece que todo el mundo piensa que conoce sus barrios, pero las definiciones se vuelven demasiado amplias, las características se confunden, las historias se pierden», explicó Foley en su estreno.[124] Es una pequeña operación de lavado de imagen, después de años en los que el *ruin porn* y el culto a la devastación de Detroit tras el colapso de la industria automovilística protagonizaron la proyección de la ciudad. Pero es a la vez un cambio de perspectiva: en lugar de trasladar una voz impostada y triunfal —por tanto falsa—, da voz desde su interior. Es promoción y no es periodismo, pero es una promoción con los pies en el suelo.

«Al venderse como una copia de algo que no es, una ciudad termina convirtiendo aquello que copia en realidad. Así, muchos lugares urbanos hoy parecen vagamente iguales», cree Ramm, quien propone como vía alternativa no solo venderse como un lugar diferente, «sino tener el coraje de serlo, trazando consistentemente un camino propio, manteniendo la cultura cívica propia, siguiendo un camino propio a lo largo del tiempo».[125]

Blockbuster

El pensamiento de que cualquiera de nuestras ubicaciones puede obtener reconocimiento internacional, estar en el mapa —o en el metaverso, en el caso de Cuenca—, ha calado de tal manera que la mayoría, sin posibilidades reales

124 Helmore, Edward. (2017). «Detroit redefined: city hires America's first official 'chief storyteller'». *The Guardian.* [En línea]. [Martes, 5 de septiembre de 2017].
125 Marshall, Aarian. (2014). *op. cit.*

de jugar en la gran liga, aplican la misma receta que los mastodontes urbanos. Lo hacen por frustración —por no tener estrategias alternativas—, lo hacen por pura inercia: porque es lo que hay que hacer para estar en el mapa.

Ocurre en un momento en el que la desigualdad entre ciudades que funcionan y ciudades artríticas, lejos de compensarse, va en aumento precisamente por la diferencia de velocidades. A un lado, «capitales desconectadas de sus países y sociedades», enfoca Esteban Hernández.[126] Son los lugares reconfigurados a partir de la globalización, que multiplican «su actividad, sus opciones laborales y su poder respecto de la economía». Al otro lado del cuadrilátero, «los territorios [que] perdieron oportunidades, habitantes y actividad; [donde] la emigración aumentó, especialmente entre los jóvenes; la economía se contrajo, fruto también de las deslocalizaciones. Las regiones desfavorecidas [que] entraron en una espiral peligrosa de menores ingresos, mayor deuda, despoblación y falta de opciones: se quedaron sin futuro».

De tanto ver en marcha triunfal a las ciudades ganadoras, hechas «ciudades Amazon», es lógico que las ciudades que no ganan quieran replicar sus fórmulas: ensayar el método Stanislavski mimetizándose con el comportamiento de las grandes capitales. Proyectos rimbombantes, comunicaciones engoladas, previsiones de ingresos desatadas... Si la nuestra es una «ciudad blockbuster» —esto es, con un modelo tan prometedor como la vieja franquicia de videoclubes— es probable que busque salir a flote queriendo ser una «ciudad Amazon».

Cuando nuestras ciudades se narran como si jugaran en una «superliga», como si su ADN fuera el mismo que el de una gran compañía y sus relatos fueran igual de hegemónicos, la mala noticia es que en esa competición casi todos pierden, como escribe MacGillis:

126 Hernández, E. (2022). *El rencor de la clase media alta y el fin de una era*. Foca, p. 59.

> La actividad económica que solía distribuirse entre centenares de empresas grandes y pequeñas (...) está cada vez más dominada por unas pocas compañías de grandes dimensiones. Como consecuencia, los beneficios y las oportunidades de crecimiento que antes se repartían por todo el país, van a parar cada vez más a los lugares en los que esas empresas dominantes tienen su sede principal. La economía en la que el ganador se lo queda todo da pie a poblaciones ganadoras que se lo quedan todo.[127]

En 2023, 6 de las 10 empresas más grandes del mundo eran compañías tecnológicas, hechas emblemas del nuevo orden. Su concentración empresarial las convierte en conglomerados que se zampan cualquier competencia emergente. Microsoft, Apple, Alphabet, Amazon, Nvidia, Tesla y Meta han alcanzado un valor de mercado de 12,5 billones. Las siete abarcan el 11 % del total de la capitalización mundial y un 50 % del valor total del Nasdaq.[128]

Mientras los grandes protagonistas del salto tecnológico acumulan poder y fortuna, sin obstáculos, tapizados por la fantasía del movimiento colaborativo, su repercusión directa es el entorpecimiento de la competencia y en consecuencia la escasa novedad, una repetición infinita de técnicas y modelos:

> Entre 300 y 400 empresas obtienen grandes beneficios simplemente porque tienen el poder del mercado. (...) El porcentaje de empresas nuevas hoy es el 8 %, y fue el 14 % en los años noventa. No tenemos innovación porque hay tantas empresas dominantes que las pequeñas no pueden llegar. Eso hace que la mayoría de las empresas estén sufriendo mucho a costa de una minoría. (...) Si a Bezos se le ha ocurrido hacer esa inversión, eso es muy positivo, pero, una vez la ha hecho, también ha con-

127 MacGillis, A. (2022). *Estados Unidos de Amazon*. Península, p. 24.
128 Cano, David. (2024). «El bucle virtuoso de Wall Street». *El País*. [En línea]. [4 de febrero de 2024].

seguido ser tan productivo que no tiene competencia y por eso tenemos que intervenir como regulador para que no imponga barreras de entrada.

Mi propuesta es más competencia. Si hay competencia no hay nada mejor que maximizar beneficios porque estás compitiendo, pero si estás maximizando beneficios sin competencia... eso no es bueno para la economía, ni para el consumidor, ni para el trabajador, ni para las empresas pequeñas, ni para la innovación... (Jan Eeckhout).[129]

Para entender los desequilibrios entre las «ciudades Amazon» y sus sistemas regionales dentro de un país —grandes capitales que ejercen de agujero negro concentrando toda la energía de su mercado geográfico—, hay que acudir a la misma lógica.

Tokens

Si hay ciudades que hacen de sus bares y terrazas una gran enseña es porque —además de formar parte de nuestro carácter urbano—, la mutación de ciudad en bar ofrece una recompensa inmediata: sensación de dinamismo, espectacularización del bienestar, visibilidad de la diversión. En ese tránsito puede suceder que esa ciudad se convierta en un bar repleto con los problemas de un bar repleto. Es entonces cuando muchas localidades se encuentran con un terrible problema: después de procurar acoger al mayor número de personas, asisten espantadas a la comprobación de que hay demasiada gente en sus calles. ¿Cómo hacer para gustar solo a quienes conviene?

En un bar del barrio de Gràcia comenzaron a dar *tickets* por tandas para sentarse en la terraza porque se les desbordaban los clientes. «Somos actores de relleno para que

129 Cordero, Dani. (2021). «Jan Eeckhout: "El ciudadano no tiene ni idea de la falta de competencia que hay"». *El País.* [En línea]. [11 de julio de 2021].

la experiencia inmersiva de Barcelona sea completa», puso el grito en el cielo un ciudadano-usuario.[130]

El bar —con lógica— simplemente asumía su incapacidad para absorber un alud de clientes. Por tanto, había que sacar turnos, como en la carnicería. Unos meses antes, una cafetería de la plaza del Doctor Collado, en València, fijaba los tiempos de consumición en terraza. En una pizarra, escribieron: 20 minutos para un café; 25 para una cerveza o un refresco. No hay que quejarse: ese ratito puede considerarse un lujo a tenor de algunas terrazas turísticas que ya no permiten sentarse a tomar cafeína —solo copas, porque del cóctel se saca más dinero— ni reservar una mesa para cenar en solitario.

Parcelar el tiempo de consumo hasta limitar la duración de un cortado, puede ir en contra de cualquier conveniencia clásica, en contra de los bares de siempre, del terraceo mediterráneo, pero simplemente es la manifestación algo histérica de un líquido que rebasa el vaso. Hay que usar *tokens* para ordenar el consumo. La liturgia de los parques temáticos.

Ese fraccionamiento de las plazas de Barcelona o València lleva la misma cadencia que la de nuestras redes sociales más adictivas: si en un primer momento vimos a una panda de amigos confraternizando en una misma mesa —Facebook o Twitter como espacios para la conversación, orientados a los comentarios—, esa mesa se evadió para dar paso a un tablero desde el que *scrollear* hasta la extenuación —TikTok como lineal en el que hacer *zapping* sin parar—.

Mientras que en el primer escenario el tiempo se detenía y no había una cuenta atrás inminente para cada contenido, en la segunda fase el tiempo está contado: se

130 Numeritos [@08181]. (14 de junio de 2023). Tanda para sentarte en una terraza de Gracia. Barcelona es autoparódica [Tweet]. https://twitter.com/08181/status/1669022045915553794?s=46&t=SOjpM_C3xtPUL-YEqOiJ1mQ

trata de avanzar sin pausa. Como en el bar de Gràcia, el efecto directo es la dificultad para hacer red. No son los 25 minutos para tomarte la cerveza, es el asedio contextual: el mensaje de que debes hacerlo rápido. Fugaz antes que compartido.

Con todo, es lícito que un restaurante tenga como objetivo primordial maximizar el beneficio de su público de paso. Si a su puerta llaman cada hora centenares de clientes, se abrirá la tentación de querer sacar rendimiento de todos ellos. Eso se consigue dando servicios rápidos y sacrificando la atención cuidada y duradera. Pero una ciudad no es o no debería ser un bar. Entonarse triunfalmente porque hay mucha gente en nuestra plaza mayor no debería bastar para dar el aprobado. En una ciudad hay personas que cenan solas.

Gente

En la Navidad de 2023, contra todo pronóstico, el centro de Madrid se llenó de gente. Al parecer, de mucha gente. Los observadores más agoreros concluyeron que no cabía más gente, pero es posible que solo hubiera que apretarse un poco más. Algunas reacciones fueron más propias del elitismo social que mira desde la atalaya: un análisis con dron. «*Argh,* hay mucha gente», parecían decir los críticos de la gente, como quien mira las tortugas atestadas de la estación de Atocha. El usuario de X @LosPajarosPican se llevó la palma con su manifiesto:

> Madrid es la capital del tumulto. Hay colas por todos lados. 4 horas para comer una hamburguesa en el *food truck* de Dabiz Muñoz que acaban en reyertas. Colas de 200 metros para comer un buñuelo de bacalao. Turnos de más de 100 personas para comprar un bocadillo de calamares. / Colas de magufos de las mate-

> máticas que dan la vuelta a la manzana para comprar en Doña Manolita. Colas para comprar un mollete de tortilla de alta cocina en el barrio de Salamanca. / Colas nocturnas de influencers para la apertura de una tienda efímera de la marca de ropa china *low-cost* Shein. Colas y colas, Madrid es una distopía de la espera. / De ir a ver incómodo un estreno de cine por no poder esperarte un día, de levantarse a las 8 para luchar por una parcela de arena en una playa espantosa, de dormir al raso una noche de enero para ponerte en primera fila en el concierto de un mamarracho que estará medio vacío.[131]

Un usuario muy cabreado con que la gente siguiera a otra gente. Debió cabrearle todavía más ver el éxito de su hilo: ¡cerca de cuatro millones de personas vieron su mensaje! ¡Mucha gente! ¡Demasiada gente! Colas y colas viendo su *post*.

A uno puede gustarle más o menos que la gente se congregue por hordas, pero lo de reunirse a cascoporro es —en expresión poética de Hisham Matar sobre las plazas— «una coreografía centenaria cuyo fin es recordar a todos los seres solitarios que no es bueno ni posible existir en completa soledad».[132] El mogollón madrileño es la síntesis de la aglomeración económica que tiene lugar en capitales encaramadas al circuito global. Sorprenderse por la acumulación de gente —al igual que se acumula mucho capital— es como sorprenderse por encontrar muchos árboles en un bosque. Si acaso, merece más la pena poner la mirada en los componentes de ese bosque. Por qué nos movemos de una u otra manera sobre la ciudad, qué determina

131 Dani M. [@LosPajarosPican]. (7 de diciembre de 2023). Madrid es la capital del tumulto. Hay colas por todos lados. 4 horas para comer una hamburguesa en el food truck de Daviz Muñoz que acaban en reyertas. Colas de 200 metros para comer un buñuelo de bacalao. Turnos de más de 100 personas para comprar un bocadillo de calamares [Tweet]. https://x.com/lospajarospican/status/1732689901815021643?s=46&t=SOjpM_C3xtPULYEqOiJ1mQ
132 Zabalbeascoa, Anatxu. (2022). «Ciudades desordenadas para vivir mejor». *El País.* [En línea]. [28 de mayo de 2022].

esos movimientos y, por tanto, cómo puede encajarlos la ciudad de la mejor manera posible.

El matemático Esteban Moro, en lugar de ver en «los demás» un rebaño de borregos, decidió estudiar el movimiento. No solo en Navidad, sino cada día. Lleva años creando desde el MIT el «Atlas de la desigualdad», una maraña inmensa de datos que a través de la geolocalización de señales de móvil trata de discernir qué comportamientos tenemos más allá de nuestro entorno cercano. Normalmente la información sobre nuestros movimientos en sociedad se recaban a partir del censo y la residencia, pero su trabajo —que nació con una primera experiencia piloto en Boston, a partir de 35 000 lugares frecuentados— se guía por las señales telefónicas. Demuestra, por ejemplo, que el 75 % de las personas que se encuentran viven muy lejos unas de otras.[133] La ciudad como gran plaza, el tambor de la lavadora dando vueltas.

Dependiendo de qué tipo de lugares se distribuyen por el espacio público, crece o disminuye el nivel de segregación. Desde restaurantes de comida china o de tapas con mucha mezcla social, hasta lugares de comida latinoamericana o caribeña con importante desigualdad —dime dónde comes y…—. El estudio concluye que los centros de educación no universitarios, colegios e institutos son los lugares más segregados de EE. UU. «A la vez que nos estamos educando nos estamos exponiendo a una parte de la sociedad muy, muy restringida», advierte Moro.[134]

Sacar conclusiones a partir del censo, cuenta el investigador, solo nos daba información sobre una foto fija, pero radiografiar las basculaciones sobre el plano ha permitido

133 Hernando, Ana. (2019). «Tú también contribuyes a la segregación de la ciudad cuando eliges dónde tomar un café». *Público*. [En línea]. [Madrid, 11 de junio de 2019].

134 Pujol, Juan. (2018). «Un estudio del MIT Media Lab utiliza la geolocalización por móvil para dibujar el mapa de la segregación social en las ciudades». Fundación BBVA. [En línea]. [10 de abril de 2018].

capturar el movimiento, teniendo en cuenta que «pasamos la mayor parte del día fuera de nuestro barrio». De esa información se extrae que el centro de la ciudad —de Boston— es visitado por personas con mayor variación de ingresos a partir de la mayor abundancia de zonas comerciales y administrativas. O que en la zona este la mayoría de negocios son frecuentados por grupos con bajos ingresos. O que en una misma calle se produce mayor segregación dependiendo del lugar donde cada cual se toma el café.

Moro defiende la utilidad de estudios como el suyo en la toma de decisiones públicas: «No puedo cambiar dónde vives ni comprarte una casa pero sí cómo te mueves, qué te recomiendo, etc.». El investigador suele insistir en la importancia de los «terceros lugares» —el concepto de Ray Oldenburg—, esos espacios que no son ni la vivienda ni el centro de trabajo y que suelen procurarnos las mayores dosis de diversidad social: espacios «esquina» donde se dan encuentros inesperados, situaciones fuera del ámbito restringido. Según su estudio, hay un progresivo abandono de ese tipo de ubicaciones. En parte han sido sustituidas por las redes. Pero… «hemos encontrado que las redes sociales están más segregadas que la sociedad real. Parecería que podrías interactuar o hablar con cualquiera, pero en el *social media* la gente está más segregada de lo que dicen sus movimientos en la propia ciudad (…) Han dejado de convertirse en un tercer lugar para volver a ser un primer lugar. Solo oímos lo que pensamos, solo hablamos con la gente que piensa igual que nosotros».[135]

Si estudios como el suyo son útiles es porque consiguen un efecto doble: 1) poner la lupa en las personas que discurren por la ciudad, no solo en la gente que entra por el aeropuerto o pasea por una gran vía, 2) entender que toda esa gente no son una muchedumbre amorfa: son la ciudad y sus hábitos, quienes merecen influir en la configuración del lugar en el que viven.

135 *Ibid.*

Una mirada en detalle que también implica a nuestras fiestas, algo más que jolgorio y desparrame. Las más populares viven en plena diatriba sobre si ser atracciones globales o festejos populares. Fallas, San Fermín, Feria de Abril… En el tablero emocional de la confrontación política, se discute si la izquierda se ha abrazado a las narrativas de la abnegación mientras la derecha garantiza soltarse la melena. «La izquierda manda, regula y prohíbe, mientras la derecha reivindica una vida más despreocupada y espontánea», teoriza Daniel Inncrarity.[136]

El culto al disfrute es un combustible político de primer orden. Y las fiestas su herramienta geolocalizadora, al punto de poder proclamar también aquello de «dime cuánto festejas y te diré cuánto votas a tu alcalde». Marc Guinjoan (Universitat Oberta de Catalunya) y Toni Rodon (Pompeu Fabra) han estudiado el impacto de los festejos populares en los resultados electorales a partir de las municipales de 2015 cn las ciudades españolas. El trabajo, publicado en la revista *Local Government Studies,* concluye que si un alcalde rebaja a la mitad el gasto en fiestas populares su promedio electoral se devalúa en 1,2 puntos porcentuales. Al contrario, si en el último año de legislatura lo duplica, su éxito en las urnas se dispara en 2,5 puntos.[137] «Hay pocos ámbitos sobre los cuales el alcalde tiene competencia exclusiva y pocos ámbitos en los que se puede dar a conocer», explica Guinjoan. «… todo el mundo tiene muy claro que las fiestas son una competencia local, [el alcalde] se puede presentar como el individuo que ha hecho que la fiesta mayor sea exitosa».

136 Innerarity, Daniel. (2022). «La izquierda y el placer». *El País.* [En línea]. [12 de octubre de 2022].

137 Castillo, Javier. (2022). «Cuanta más fiesta, mejor resultado electoral». *El Periódico de España.* [En línea]. [15 de agosto de 2022].

Para muchas localidades es la única oportunidad con la que reivindicar su identidad: su nombre, sus códigos, sus relatos. Esos días contados en los que poder ser de un lugar y formar parte de una comunidad. Un antídoto frente a la desubicación y el aislamiento, el escudo contra la percepción de que «todos los lugares son iguales». No es menor el acuerdo social por el que el destinatario de las celebraciones es el propio pueblo.

Otro estudio, este de Pau Díaz-Solano (Universitat de València) y Adrià Mompó (Universitat Oberta de Catalunya), encuestando a los concejales valencianos a partir de su adscripción a la cultura festiva, toma a las fiestas como uno de los escasos espacios de resistencia local: «En las últimas décadas los espacios de participación política tradicionales —sindicatos, partidos, etc.— han ido dando paso a formas más lúdicas de asociación, que no por ello dejan de ser lugares de socialización y, por tanto, de politización. Justamente por esta razón, un político, especialmente en el ámbito local, donde su visibilidad mediática es escasa, necesita buscar la forma de darse a conocer y generar sinergias con los votantes. Aunque las alternativas son muchas, las asociaciones festivas, como un *casal* o una *filà*, son espacios multitudinarios y muy visibles que se prestan a interacciones personales de todo tipo. Ir allá a donde están los vecinos, ofrecer una cara amable y cercana, sería el primer objetivo de cualquier político de la ciudad».[138] Las fiestas se convierten en «los vasos comunicantes de la ciudad», dicen.

El municipio valenciano de Vilamarxant, desmarcándose de Vigo y Badalona, levantó el árbol de ganchillo más grande del mundo, certificado por el Guinness World Records. Tras imponerse en una competición la mar de disputada, el ayuntamiento reconoció que se trataba del «mayor reclamo turístico de la localidad durante las fies-

138 Molins, Vicent. (2024). «El estudio que muestra cómo la política valenciana se fragua en las fiestas populares». *El Confidencial*. [En línea]. [11 de febrero de 2024].

tas navideñas». En una frase que merece ser escrita con ganchillo, Simone Weil dijo mucho antes esto otro: «El capitalismo puede destruir cualquier cosa menos el deseo humano de arraigo».

El sociólogo Daniel Sorando entiende que las fiestas, la jarana popular, son «una forma de generar consenso alrededor de cuestiones en las que todo el mundo está de acuerdo, y que provocan la sensación de que las administraciones locales están haciendo algo». Una suerte, cree, de «patriotismo local». Toda una ganga para las administraciones, que con ello «pueden lograr adhesiones con menos inversión e incluso contrarrestar el progresivo desaprovisionamiento de servicios públicos como sanidad o educación».[139] ¡A quién no le va a gustar este árbol de Navidad más grande que el de Nueva York!

139 García Barnés, Héctor. (2023). «La plaza de tu pueblo no es el Rockefeller Center: todas las ciudades se parecen en Navidad». *El Confidencial.* [En línea]. [31 de diciembre de 2023].

IV

Un algoritmo en la alcaldía. Tú también puedes ser *ciudad-influencer*

El avance de la economía digital y el empoderamiento del ciudadano-usuario han hecho que la urbe sea percibida como un lugar lento que debe proporcionar una carga dopamínica muy alta si quiere seguir gustando. La respuesta de la ciudad es comportarse como un *influencer*, midiendo su rendimiento *like* a *like*.

Your world

2006 acabó con sorpresa para miles de hogares. Sin que nadie les avisara —ni una llamada de cortesía— la portada de la revista *Time* eligió como personajes del año a millones de ciudadanos. La publicación estadounidense, que venía recibiendo críticas por la previsibilidad de su selección anual —otra vez un presidente, otra vez un soldado—, decidió echarse al monte y consagrar a un *Tú*, de un modo inconcreto.

«¡Felicidades! Si usted usa internet, es la "Persona del Año"».[140] Era la visualización de los internautas como protagonistas del vuelco en el poder de la información: ciudadanos que contribuían a «fundar y estructurar la nueva democracia digital». De manera incuestionable, la elección suponía una mejora respecto a 2005, cuando ganó el cantante Bono.

140 (2006). «Tú eres el personaje del año 2006, según *Time*». *El País*. [En línea]. [17 de diciembre de 2006].

El mensaje en portada —«Yes, You. You control the Information Age. Welcome to your world— representa un manifiesto político de primer grado, aunque no lo percibiríamos hasta un tiempo después. Tú que todo lo puedes, tú que tienes el control, tú que decides el destino del mundo. Era sencillo concluir que, si todo estaba al alcance de nuestras manos, podríamos prescindir de infinidad de elementos intermediarios. El inicio de la ensoñación. Y de la «desintermediación». El desarrollo digital que permite emanciparse de los controles tradicionales. Una liberación.

Por paradójico que pudiera parecer en un instante donde las comunidades digitales nos conectaban, construyéndonos como grupo —YouTube, MySpace o Flickr lideraban la carrera—, esta suerte de encaje en la colmena contaba con la peculiaridad de que su éxito no pasaba tanto por la conexión con el prójimo como por el fortalecimiento de la identidad personal. Eres tú, en lugar de ellos.

Un cambio en la manera de proyectarnos en sociedad, cree Evgeny Morozov:

> La portada de la revista *Time* alimentó el imaginario tecnopopulista. Un momento fundacional que enunció un nuevo mito. Hizo que nadie cuestionara el poder de las grandes corporaciones o se planteara cuánto tiempo podía durar esta utopía digital. Solo unos años más tarde, esta utopía ha llegado a su fin: la web, muy centralizada y en manos de unas pocas plataformas, ya es solo una sombra de lo que fue.[141]

Que en aquella portada no apareciera ninguna persona, sino un Mac con una pantalla gris, llevaba implícito un mensaje de homogeneidad: ese *You* insistente con el que

141 Morozov, Evgeny. (2018). «From Airbnb to city bikes, the 'sharing economy' has been seized by big money». *The Guardian.* [En línea]. [27 de noviembre de 2018].

se personificaba al usuario en realidad hacía referencia a *nadie*. Un mecanismo sin rostro, condición... ni ubicación.

Los entonces líderes de Irán, Mahmud Ahmadineyad, y de Corea del Norte, Kim Jong Il, estuvieron en la terna para protagonizar la portada. Su rostro en los quioscos hubiera reflejado un año en amenaza, pero era una etapa —tras la sacudida bélica— para que ganara lo indeterminado, lo que no compromete, lo aparentemente aséptico; aquello que se parece a la versión que atribuimos a cada uno de nosotros.

Internet estaba contándose a partir del optimismo en el futuro, en contraste con unas instituciones y un *establishment* informativo que —en el ciclo de la incipiente crisis financiera— encarnaban una concatenación de frenos: austeridad, hipoteca, prima de riesgo, ajuste. Era fácil, entonces, que unos cuantos líderes empresariales, nuevos y desacomplejados, sin lastres, buscaran exacerbar el sentimiento de subversión: «tú y yo» podemos llegar antes si vamos por un atajo: internet. Las cadenas de mando aflojaban. Se abría paso la promesa de una desobediencia que estaba repleta de ventajas inmediatas: precio, disponibilidad, agilidad.

El nuevo ciudadano, bien digital y bien empoderado, podría llegar a la conclusión de que encontraría casa en cualquier destino sin pasar por agencias, patronales o viejas economías formales; tomaría un coche donde fuese sin depender de taxis que pusieran música que no le complaciera; compraría al instante sin hacer colas o tener que desplazarse hasta la tienda de *stock* limitado; dejaría de necesitar consultar un periódico de referencia porque podría personalizar su menú informativo como quisiese; podría, por elevación, dar por hecho que apenas dependía del lugar donde vivía, porque podía vivir en muchos otros sitios a la vez. En última instancia, podría considerarse protagonista de su propia vida y no necesitar a su ciudad. Antes de que se pusiera de moda aquella *boutade* de dejar la gran urbe para marcharse al campo, comenzó a comercializarse la idea de abandonar tu ciudad sin moverse del sitio.

3,12

La constatación de un cierto vuelco ambiental llegó con la encuesta de confianza institucional estadounidense de 2018,[142] dirigida a 5 400 personas y liderada por la Universidad de Georgetown y la Universidad de Nueva York. Aunque no preguntaba si te irías de cañas con Rafa Nadal, traía novedades relevantes: Amazon daba el *sorpasso* a las instituciones oficiales.

¿Votarías antes al alcalde de tu ciudad o a un representante de Amazon?, ¿confiarías más en el dueño del periódico de tu ciudad o en Jeff Bezos —en el caso improbable de que no sean la misma persona—? De 1 a 4, representando «1» la nula confianza y «4» la confianza absoluta, Amazon con un 3,12 sacaba mejor nota que el Congreso (2,12), los partidos políticos (2,12), el Gobierno (2,58), los bancos (2,69), las municipalidades (2,75), el FBI (2,84) o la policía local (2,95). Solo el ejército (3,24) tenía una valoración superior.

Un cambio sensible en la relación entre la ciudadanía y sus operadores. Quienes han procurado el orden habitual desde al menos el último siglo ven cómo les superan a toda prisa grandes gigantes empresariales cuyas estructuras internas apenas son visibles a nuestros ojos. Si Amazon fuese una vieja siderurgia, podría llegar a creerse que sus fábricas, sus depósitos cochambrosos, no existen. Solo sus

142 (2018). «Los estadounidenses confían más en Amazon que en el gobierno, el FBI y sus universidades». *Newsweek*. [En línea]. [25 de octubre de 2018].

precios competitivos y sus paquetes a tiempo. A la vista, una fantasía sin externalidades negativas, solo beneficios.

El logo de la compañía —de gesto sonriente— fue creado en 1999 por Anthony Biles, un hijo de relojero que había aprendido de la tienda de su padre que todos los relojes en exposición debían fijarse en las dos menos diez: la hora en la que los relojes sonríen. «Amazon se estaba enfrentando a los libreros establecidos, ofreciendo más opciones, precios más bajos y mayor comodidad. Estaba haciendo feliz a la gente», explicó Biles cuando le preguntaron por qué las cajas de Amazon siempre sonríen.[143]

La buena consideración sobre la compañía está asociada directamente a una pulsión individual que Amazon resuelve como quien soluciona una necesidad fisiológica: si lo quieres, lo tienes. Una conversión —del deseo en realidad— difícilmente igualable. Los efectos adversos que puede comportar se invisibilizan ante la promesa de comodidad que ofrece a ese «tú» que vive dentro de cada uno de nosotros.

Los territorios se pelean a base de prebendas para captar el próximo centro logístico de Amazon. Suscita subastas en las que no son las urbes quienes ponen condiciones al gigante de la sonrisa, sino que es la corporación de Bezos quien determina qué área geográfica corteja más fuerte. Prueba una evidencia: Amazon tiene un poder negociador más elevado que nuestras ciudades. MacGillis escribe:

> Suponer que la elección de la nueva sede de tu compañía va a despertar el suficiente interés como para celebrar un sorteo público requiere tener mucha fe en la estima que se le tiene a tu empresa, y la certeza de que puede trascender las divisiones nacionales, a la manera de un campeón olímpico o una inofensiva estrella del pop.[144]

143 (2018). «La curiosa historia del logo de Amazon». *Brandemia*. [En línea]. [1 de diciembre de 2022].
144 MacGillis, A. (2022). *op. cit.*, p. 284.

La atención inmediata de Amazon a nuestros impulsos modula nuestra capacidad de demanda como clientes: eleva el listón de estímulos con el que nos dirigimos a cualquier servicio. Al igual que al navegar forzamos el *scroll* hasta el infinito, insatisfechos con que exista un Finisterre, establecemos con nuestro entorno físico una relación de exigencia inmediata que la ciudad, tal y como se ha comportado hasta ahora, está muy lejos de satisfacer. «El mar con fin será griego o romano, / el mar sin fin es portugués», escribió Pessoa. Usuarios ante un océano.

Demasiadas veces hemos escuchado aquello de *online* u *offline*, como si esa distinción siguiera teniendo algún sentido, de la misma manera que hemos querido convenir que Amazon y nuestras ciudades se desarrollaban en planos distintos, como si lo que ocurriera en la red no fuera a tener efectos palpables en la próxima esquina.

A todo esto, ¿cómo le había ido a la prensa en la encuesta de confianza institucional estadounidense? Con un 2,50, los encuestados la situaban hasta catorce posiciones por debajo de la valoración de Amazon. Es parte de esa rebeldía tecnopopulista por la que se cede a las nuevas y mastodónticas compañías la potestad para derrocar a los viejos poderes que movían los hilos. La prensa tradicional, los periódicos, se incluyen en una conspiración de intereses que añade distancia entre la realidad y el ciudadano. Los Amazon del universo, en cambio, pueden verse como un antídoto que refuerza nuestra soberanía privada. Frente a una montaña de límites, exigencias y noticias que nos llevan la contraria, con los mastodontes digitales basta pedir para tener; puedo elegir sin trabas, por tanto dispongo —o creo disponer— de la libertad soberana para decidir unilateralmente.

El desarrollador de software Fredrick Brennan —quien fundó el vertedero de internet 8chain— cree que su tablero de mensajes tóxicos «solo podría suceder en esta época, donde mucha gente desconfía de las fuentes tradicionales».[145] El descrédito sistemático de esas fuentes es una corrosión imprescindible para el espejismo de que «tú» puedes lograr lo que quieras sin que «los de siempre» te lo impidan.

Una manifestación frente al capitolio sorprendió a mitad de marzo de 2024: «Los "tiktokers" contra Washington: "Si prohíben TikTok destruirán el sueño americano"».[146] La *tiktoker* Giovanna González, pancarta en mano (#KeepTikTok) pidió hacer frente a «esos viejos *boomers* blancos que quieren prohibirla».

Son brotes cutáneos de un manifestación hormonal: la testosterona de la élite tecnológica se percibe más eficaz, menos latosa, más diligente que los poderes tradicionales. Entre estos últimos, la ciudad, un entorno que pasa a ser visto como carne de reemplazo. Al narrar el funcionamiento de su antigua vida en Sillicon Valley, la escritora Anna Wiener recuerda el momento en el que sus colegas propusieron crear su propia urbe:

> La aceleradora estaba intentando construir una nueva metrópolis, completamente desde cero. Dios bendito, pensé, leyendo el *post* del blog que anunciaba la iniciativa. Todo el mundo se está subiendo a este carro. «El mundo está lleno de gente que no es consciente de su potencial, en gran parte porque sus ciudades no les ofrecen las oportunidades ni las condiciones de vida necesarias para el éxito», declaraba la entrada del blog. «Una herramienta altamente eficaz para mejorar nuestro mundo es liberar ese

145 Hoback, C. (Director). (2021). *Q: En el ojo del huracán* [Documental; vídeo online]. HBO Max.
146 Seisdedos, Iker. (2024). «Los "tiktokers" contra Washington: "Si prohíben TikTok destruirán el sueño americano"». *El País.* [En línea]. [17 de marzo de 2024].

> potencial gigantesco a base de crear ciudades mejores. Construir ciudades nuevas es la *startup* por antonomasia, tanto en términos de complejidad como de ambición». El *post* terminaba con una serie de preguntas: «¿Cómo hemos de medir la eficacia de una ciudad? ¿Cuáles son los indicadores clave de una ciudad? ¿Para qué cosas ha de optimizarse una ciudad?».[147]

La apelación a la eficacia y a la optimización es el talismán que esconde una creencia férrea: nuestras ciudades convencionales no están a la altura. Esa subversión bebe apasionadamente de la misma gramática que usaron los fundadores de internet. El activista Perry Barlow creía en «la frontera electrónica». Su *Declaración de Independencia del Ciberespacio,* con menos de mil palabras, pedía que no se confundiera a la red con aquellos lugares reales donde la gente se amontonaba más o menos organizadamente para vivir:

> Estamos creando un mundo en el que todos puedan entrar, sin privilegios o prejuicios por raza, poder económico, fuerza militar, o lugar de nacimiento. (...) Estamos creando un mundo donde cualquiera, en cualquier sitio, pueda expresar sus creencias, sin importar lo singulares que sean, sin miedo a que lo obliguen al silencio o al conformismo. Vuestras nociones legales sobre la propiedad, la expresión, la identidad, el movimiento y el contexto no se aplican a nosotros. Se basan en la materia, y aquí no hay materia.[148]

Los mandamientos de Barlow obviaron que esas «nociones legales» son las calles, las avenidas y los semáforos del mundo. La creencia arrogante, pero también ingenua, de que la red está por encima de la realidad —como si no respondieran a la misma esencia— ha unido a los fundadores de la red con los cabecillas del tecnopopulismo. Su

147 Wiener, A. (2021). *Valle inquietante.* Libros del Asteroide, p. 47.
148 Klosterman, C. (2023). *Los noventa.* Península, p. 196.

promesa deriva en el desarrollo de colonias privadas sin personas fastidiosas que alteren su visión del éxito. Un poder cerrado. La anti-ciudad.

Bruno Patino escribe:

> A veces las ironías de la historia son feroces. (...) Los gigantes de Internet se han desarrollado gracias a la corriente libertaria que, siguiendo a John Perry Barlow y su declaración de independencia del ciberespacio de 1996, quería convertir el mundo digital en un espacio protegido de toda intervención estatal y de toda regulación, para que las libertades individuales y la iniciativa personal pudieran prosperar creando un mundo descentralizado, democrático, basado en los bienes compartidos. Un cuarto de siglo después, las grandes plataformas sociales han privatizado una parte de Internet para establecer un orden centralizado, asimétrico, que provoca dependencia y polarización. La imposibilidad de controlarlas se traduce ahora mismo en la amenaza de una regulación a ultranza de las libertades individuales. Es como si hubiera que elegir entre la ausencia completa de trabas para las plataformas y la libertad de los individuos.[149]

Clase

La posibilidad de reemplazo digital —debajo de los algoritmos está la playa— colma al usuario ciudadano a través de la sobreestimulación, la lucha por el tiempo y la inmediatez. Nos otorga la sensación de un gran poder: el control prometido por el que uno puede tomar las decisiones que desea. Pasa a ser sencillo identificar dos bandos: por un lado, quienes nos brindan libertad individual (Amazon, Uber, Airbnb, Meta...) frente a quienes la limitan —ayuntamientos, prensa, operadores clásicos...— poniendo puertas al campo. Estos últimos, lejos de ser infalibles, procederán a dar palos de ciego ante la incredulidad que les

149 Patino, B. (2022). *op. cit.*, pp. 46-47.

provoca el gran cambio —«mi ciudad está de moda» como reacción fetichista—.

Esto da pie a una especie de disonancia cognitiva. Como cuando un puñado de usuarios pusieron el grito en el cielo ante los planes de Madrid de regular el uso de alojamientos turísticos. «Pago mi hipoteca gracias a Airbnb y ahora Madrid lo prohibirá», alegaban unos residentes que, pulsando el botón de su soberanía personal, habían decidido dedicarse al alquiler de pisos turísticos para poder afrontar el pago de sus propios alojamientos.[150] Resolvían sus problemas particulares con la vivienda acrecentando los de los demás, estrangulando el mercado. Tan solo estaban haciendo uso de su prerrogativa digital: «Tú tienes el control», les habían asegurado.

El proyecto atropellado de la administración madrileña era visto, sin embargo, como un ejercicio para coartar su empoderamiento. La complejidad y las contradicciones del ejercicio público colisionando ante la nitidez de las nuevas plataformas.

La administración representa el papel del ogro anclado al pasado que, al querer ordenar el tráfico, impide que uno quiera acelerar si necesita llegar antes al trabajo. Un duelo, además, entre el mañana y el ayer. «Cualquier resistencia se considera parte del pasado, una rémora que no permite que el progreso continúe. Lo obsoleto. Es algo que ha funcionado y que, de hecho, ha reducido la capacidad de imaginación de la alternativa al convertirla en abogada defensora del pasado», explica Jorge Dioni.[151]

Un alud de imágenes de comercios antiguos al borde del cierre, de afectos melancólicos sobre la ciudad, de arreba-

150 Analía Plaza. (2018). «Los anfitriones se rebelan: "Pago mi hipoteca gracias a Airbnb y ahora Madrid lo prohibirá"». *El Confidencial.* [En línea]. [06 de agosto de 2018].
151 Dioni López, J. (2023). *El malestar de las ciudades.* Arpa, p. 187.

tos revisionistas sobre las linotipias de los periódicos, con la tinta y el *whisky* salpicando las viejas redacciones, sirve de escudo defensivo con el que luchar contra la velocidad de «lo nuevo». Una reacción errática que da kilómetros de ventaja a quienes sí tienen un modelo de avance. Se subcontrata la idea de progreso, permitiendo que los monopolios tecnológicos sean quienes defienden nuestro porvenir mientras todo lo demás retoza en la melancolía de lo que fue. Ya se sabe: el futuro o lo haces o te lo hacen.

El tecnopopulismo y las dos vías bien delimitadas. Gente como tú frente a *lobbys* viejos que impiden que obtengas lo que mereces. En San Francisco —capital del sueño— Airbnb enfrentó los intentos de la municipalidad de regular su actividad invirtiendo millones de dólares en una campaña... a favor de la clase media. Tomando a los ciudadanos por costaleros, la compañía de la «A» enfocó la causa como una disputa entre la nueva realidad digital que facilitaba la vida de las «personas normales» frente a unos poderes fácticos que tan solo buscaban consolidar sus privilegios. Con ese fin ficharon al *lobbista* Chris Lehane, conocido por su sólido trabajo al lado de Bill Clinton, Al Gore y Lance Armstrong. «Victoria de la clase media frente al poder de la industria hotelera», proclamó Lehane tras el desenlace de la primera batalla.[152]

La administración, publicitaba Lehane, está capturada por el *lobby* y obstaculiza la libertad personal de quienes tan solo quieren alquilar por días su apartamento turístico. Airbnb, en consecuencia, permite al ciudadano ser él mismo, poder sacar rendimiento a su propiedad. Yendo al reduccionismo de Lehane, el gobierno de San Francisco subyuga, Airbnb emancipa.

152 Bravo, Pedro. (2018). «Guía rápida para desmontar argumentos contra la regulación de las viviendas de uso turístico». *ElDiario.es.* [En línea]. [25 de mayo de 2018].

Corporaciones como Airbnb o Amazon emplean «la misma media verdad, aplicando la pomada antisistema sobre la pústula liberal: hacernos creer que nuestro problema son los intermediarios. Que eso encarece y complica nuestro placer. Y ya de paso: qué molestas son las legislaciones, los partidos políticos y parlamentos, las librerías, los técnicos. Solo hay que escuchar el corazón de la masa y dárselo: usted no necesita que nadie modele, mida y revise lo que quiera», define, con letra de doctor, Carlos Zanón.[153]

Como con la defensa de Lance Armstrong, Lehane blanquea el dopaje, en este caso el urbano. Su táctica construye una gran máscara con la que ocultar el rostro real: las artimañas de quien busca evadir la regulación y los límites, bajo el pretexto de estar dando a luz un nuevo mundo incompatible con los viejos usos. Hacer creer al usuario ciudadano que todo esto es por él es un eufemismo detrás del cual se esconde otra cosa: se trata de una elección maniatada por un gigante, cuyos efectos perjudican «tus» propios intereses.

Pero ¿no es esa apariencia la que llevó a creer a los habitantes propietarios en Ciudad de México que gracias al avance digital podrían alcanzar mayores réditos por su apartamento, sacándolo para estancias cortas en lugar de alquilarlo? ¿No es esa misma apariencia la que convence a los nómadas digitales para hacer del mundo su urbe, viviendo en cualquier parte como un ciudadano más?

Como las apariencias engañan, pronto se descubren casos como el de Mr. W., el enigmático intermediario que alrededor de los barrios céntricos de la capital mexicana controla más de 350 apartamentos.[154] Las consecuencias han sido dolorosas: en calles como la de Laredo 21 se ofer-

153 Zanón, Carlos. (2018). «Aborigen en habitación alquilada». *El País.* [En línea]. [05 de agosto de 2018].

154 Raziel, Zedryk. (2022). «¿Quién es Mr. W.? El intermediario que alquila más de 350 departamentos a través de Airbnb en México». *El País.* [En línea]. [12 de diciembre de 2022].

tan pisos por 3 000 dólares, más de seis veces el precio del alquiler respecto a cuando todavía vivían vecinos, un par de años antes.

O casos como el de Alexandra, la última inquilina de su edificio en la colonia Condesa, en la misma capital. Tras la llegada de los nómadas digitales interesados en alquilar viviendas temporales, su apartamento había pasado de costar 512 dólares al mes a valer 4 700.

«Alexandra ha visto el futuro de una ciudad en ruinas», tituló el periódico.[155]

Con la misma pretensión que Airbnb en el mercado turístico, WeWork buscaba apoderarse de la ola de espacios de trabajo compartido: ofrecer edificios icónicos en los que trabajar. Enseñas que ejercen de destino: trabajar allí suponía un orgullo la mar de *cool*, conformaba una identidad bien *entrepreneur* y ponía un sello a la ciudad que los acogía: una ciudad con un WeWork lucía exitosa.

La retórica, llena de embellecedores, hacía hincapié en la fuerza de currar juntos, en el beneficio participativo y *smart* para las ciudades. Reunía todos los alicientes de una contribución beneficiosa para nuestras calles. Era, en cambio, el prototipo de operativa de falsa bandera cuyo éxito pasa por presionar el mercado inmobiliario gracias a su acumulación de fuerzas.

El periodista Pedro Bravo bosquejaba así el comportamiento cuando WeWork todavía mantenía sus constantes vitales:

> Ofrece más de 500 espacios en casi cien ciudades y ha tenido un crecimiento loquísimo (...) Se podría pensar que esa expansión y

155 Raziel, Zedryk; Rodríguez, Darinka. (2022). «El desplazamiento silencioso: los capitalinos son expulsados por el auge de Airbnb en Ciudad de México». *El País.* [En línea]. [7 de noviembre de 2022].

> sus riesgos correspondientes son solo asunto de sus gestores, sus trabajadores y de sus inversores, pero no es así (...). Con el músculo financiero bien dopado, una empresa como esta desembarca en una ciudad alterando no solo a su competencia y a su mercado natural. Lo de WeWork afecta a un mercado inmobiliario, ya enormemente adulterado por la acción de fondos internacionales (...). Se convierten, además, en servicios irreales, por muy útiles que sean, porque no se cobran al precio necesario sino al que permite esa forma de expansión en la que el objetivo es... expandirse aún más.[156]

WeWork terminó cayendo en picado con su valor bursátil reducido a la mínima expresión. Parecía una inmobiliaria ciega de esteroides, se movía como una inmobiliaria ciega de esteroides... y cayó como una inmobiliaria ciega de esteroides. Mientras le aguantó el colocón, utilizó a la ciudad como una mina.

Pedro Bravo daba cuenta de otras empresas opacas y en órbita que usaban Madrid como un perverso campo de pruebas: la singapurense oBike, que de buenas a primeras, llenó la ciudad con tres mil bicicletas alquilables vía App y, con el mismo sigilo, desaparecieron, dejando las bicis encadenadas a unos cuantos pufos. O la china Ofo, una multinacional que, tras llenar las ciudades españolas con sus bicis, se esfumó empantanando a centenares de usuarios. Ofo debe 147 millones de euros a ciclistas de todo el mundo que cándidamente confiaron en sus dos ruedas.

Las bicis *zombies* y el imperio *coworking* se valían de un mismo principio activo: la emancipación del usuario; el poder de unirnos saltándonos a los reguladores clásicos. Una retórica excitante con la que disimular su condición de sanguijuelas tratando de alimentarse de la sangre urbana.

156 Bravo, Pedro, (2019). «De las *fake news* a las empresas *fake*: cómo afecta la economía ficción a nuestras ciudades». *ElDiario.es.* [En línea]. [12 de enero de 2019].

Porque una cosa es tener miedo a pasar por una ciudad *boomer*, miedo a que te aplaste el progreso, y otra desatender la responsabilidad que conlleva el poder de una ciudad. El temor por ir a la contra del furor tecno es también el pavor por quedarse anquilosados como aquellos prohombres de la Academia de Medicina de Lyon que en 1835 se preguntaron: «¿Vale la pena arriesgarse a subir a un tren y padecer daños en la retina y problemas en la respiración debido a su alta velocidad y que las mujeres embarazadas sufran abortos involuntarios debido a las sacudidas?».[157] La preocupación venía porque el tren había alcanzado los 32 km/h.

Unos años después, conforme los trenes cogían ritmo, las grandes compañías de ferrocarriles de finales del XIX no tenían suficiente con controlar los vagones. También quisieron controlar las vías y parte del petróleo y el carbón. Acumulaban tanto poder que sometieron a los productores de combustible para obtener grandes ventajas.[158] Las élites tecnopopulistas hace tiempo que han decidido que concentrar más activos que cualquier ciudad les da derecho a sortear los intentos de regulación. ¿El tren pasa entre ciudades o son las ciudades las que aparecen al paso del tren? Los alegatos *alpha* por la libertad desmelenada del usuario modulan la idea de que son los «lugares» los que traban el avance, frente a unas «nubes» en las que todo fluye. Se llama amedrentamiento. Los tecnomastodontes son los caseros del futuro. «Este empoderamiento empresarial basado en la cuenta de resultados hace que sus titulares vean sus negocios dentro de un ámbito normativo que solo debe responder a las leyes del mercado», escribe Lassalle.[159]

---

157 https://franciscojaviertostado.com/2018/04/02/el-ferrocarril-y-el-miedo-a-lo-desconocido/

158 MacGillis, A. (2022). *op. cit.*, p. 268.

159 Lassalle, J. M. (2021). *El liberalismo herido*. Arpa.

Cuando Tim Cook, jefe de Apple, se muestra airado después de que la Unión Europea multe a su compañía con 13 000 millones por su depurada «optimización fiscal» en Irlanda, lo hace porque cree estar por encima de los Estados. «Que un directivo empresarial se permita amenazar a un continente es más que increíble», escribe Riccardo Staglianò.[160] No tanto si es capaz de algo más: de doblegarlo. Dos años más tarde la justicia europea anuló la multa contra Apple al considerar que «los defectos identificados por la Comisión no son, en sí mismos, suficientes para demostrar la existencia de una ventaja».[161] Un célebre varapalo en la pugna entre órdenes.

En paralelo, Lina Khan se ha ido bregando como una loba solitaria contra los monopolios. Una treintañera dispuesta a encarar un problema inabordable tomándolo por vías alternativas. Con su informe *La paradoja antimonopolio de Amazon* la profesora de la Universidad de Columbia evitó centrar la libertad de competencia a partir del factor precio. Saliéndose por la tangente, quiso evidenciar que el principal motivo por el que compañías como Amazon asfixian el mercado tiene que ver con su supremacía a lo largo de infinidad de soportes *online,* lo que estrangula las posibilidades para competir. «Además de ser una tienda "online", también es una plataforma de "marketing", una red de logística, un proveedor de pagos, de servicios financieros, un editor de libros, productor de series y películas, diseñador de moda, fabricante de dispositivos y uno de los mayores proveedores de servicios en la nube del mundo».[162] El tren y las vías. Todo, en todas partes, induce Khan. Más enorme que cualquier megalópolis.

160 Staglianò, R. (2022). *Gigacapitalistas.* Altamarea, p. 56.
161 Alarcón, Nacho. (2020). «La Justicia europea anula la 'multa' de 13.000 M de Bruselas a Apple». *El Confidencial.* [En línea]. [15 de julio de 2020].
162 Méndez, Manuel Ángel. (2021). «Esta genio de Yale es la única persona en el mundo que sabe cómo derrotar a Amazon». *El Confidencial.* [En línea]. [22 de marzo de 2021].

Si ellos pueden subvertir el poder de naciones, cómo no van a poner patas arriba nuestra ciudad, convertida en una llanura de mantequilla caliente lista para que la economía *gig* la atraviese con su filo. Desregulación, homogeneización... y concentración. La alfombra roja con la que nuestras ciudades les recibieron tiene que ver con que su poder no es detectable: han revestido su autoridad con el mandato de colaboración urbana. «Uber, la compañía de taxis más grande del mundo, no posee vehículos. Facebook, el propietario de medios más popular del mundo, no crea contenidos. Alibaba, el minorista más valioso, no tiene inventario. Y Airbnb, el mayor proveedor de alojamientos del mundo, no posee bienes inmuebles...», recapitula Scolari.[163] En apenas una década los Hyatt, Intercontinental, Marriott, Hilton, «con sus cientos de hoteles, miles de empleados, millones de sábanas y mantas», han sido superados por Airbnb «sin poseer casi nada, pero consiguiendo mucho dinero de lo que pertenece a otros», en palabras de Staglianò.[164]

Que Airbnb no tenga habitaciones y Uber no tenga coches es justo la clave de bóveda de su modelo. Pero para una ciudad las cosas son distintas. La ciudad sí tiene aquello que la define: presumiblemente tiene ciudadanos.

Castellers

Amazon sonríe, Airbnb es *cool.* La alfombra roja. A la vuelta de vacaciones del verano de 2016, un grupo de *castellers* de Barcelona apareció con unas camisetas rojas patrocinadas por Airbnb. Debajo de sus zamarras aguardaba la manifestación airada de un proceso que encaraba el embate definitivo. En la espalda, debajo de la A —el logo de Airbnb que parecía un clip, un corazón, un lacito de

163 Scolari, C. A. (2022). *La guerra de las plataformas.* Anagrama, p. 91.
164 Staglianò, R. (2022). *op. cit.* pp. 11-50.

unión—, podía leerse «nascuts per fer pinya» [nacidos para hacer piña] junto a la URL: castellersdebarcelona.com.[165]

Los *castellers* son una de las formas de asociacionismo más icónicas de Catalunya. Torreones humanos que requieren de un preciso ejercicio de conexión entre iguales. El símbolo de la colaboración. Si el primer escalón tiene buenos cimientos, si los hombros compactan bien la estructura, dan paso al siguiente nivel. Y así sucesivamente en una concatenación de anillos de carne y hueso que rematan con la guinda, la figura menuda que a modo de estrella en el firmamento se encarama en lo alto.

Perfila el modo en que la sociedad se sostiene y cómo, a menudo, creerse que uno puede escalar en solitario es poco menos que una fatuidad. Frente a la torre sobrevuela todo el tiempo la amenaza de descalabro. Si una de las conexiones que soportan el piso superior se desestabiliza, el derrumbe será inminente.

El equipo de *marketing* de Airbnb había metido el dedo en la llaga. El acuerdo con una de las *collas* les permitía practicar ese *teamwashing* tan dulzón con el que la nueva economía de plataformas «colaborativas» se presentaban ante la sociedad. Capaz de eliminar a intermediarios, la promesa de la colaboración ciudadana era el reclamo *sexy* para una nueva era. Narración, relato, mito.

Si en los medios el bautizo del «periodismo ciudadano» permitió tener redactores a los que no había que pagarles, sobre las ciudades se estrenaba un relato que lucía despampanante: las gigaempresas, con sus maneras desenfadadas, iban a permitirnos tener una relación cercana: fuera los intermediarios, lleguemos a un acuerdo entre nosotros y santas pascuas. *Fem pinya!*

Los *castellers* no repararon inicialmente en que la empresa de apartamentos —que no tiene apartamentos— en

165 Blanchar, Clara. (2016). «Los Castellers de Barcelona retiran la publicidad de Airbnb». *El País*. [En línea]. [26 de septiembre de 2016].

realidad estaba apropiándose del alto poder simbólico que tenían para dibujar una caricatura. La plataforma digital no quería apoyar a los peones del castillo, quería el castillo. Eran los *castellers*, pero eran las ciudades. Porque —repetición machacona— aquello que ocurre en las pantallas tiene efecto en las manzanas.

La compañía había incluido en el acuerdo su voluntad de acercar a los huéspedes «la cultura popular catalana». Ofrecían promocionar la cultura de las torres humanas ante los grupos de turistas, con folletos didácticos en los apartamentos. Una relación simbiótica por la cual cuantas más casas colocadas a visitantes, más impulso a la cultura local. Apartamento tras apartamento, hasta el cielo. Cuidamos lo cercano. Un escenario idílico que bebía —más bien, se emborrachaba— de ese mismo espíritu primaveral de los fundadores de la red. En la práctica, una treta, pura artimaña. Solo una narrativa hecha de plástico.

Antes de que llegara el sábado en la plaça de Sant Jaume y que la *colla* apareciese equipada de Airbnb, a última hora alguien se tomó el tiempo de valorar que esa alianza era un disparate. Los *castellers* se sacaron la camiseta y decidieron negar la colaboración. No los querían como anfitriones, sino como parásitos. Para subir a lo más alto.

Inflamación

Brian, Joe y Nathan, en su tierna juventud, compartieron casa en el área de San Francisco. Pero la trinidad se rompió cuando les subieron el alquiler un 25 %. Nathan tuvo que dejar su habitación porque, sencillamente, no podía seguir pagándola. Sus colegas decidieron aprovechar la cama libre para ponerla en internet y ofrecerla temporalmente. La colocaron muy rápido porque justo esos días había un congreso de diseñadores en la ciudad. Eso encendió su bombilla.

Brian, Joe y Nathan son Brian Chesky, Joe Gebbia y Nathan Blecharczyk, los fundadores de Airbnb. A partir de su hallazgo decidieron que había miles de habitaciones como las suyas. Un sinfín de posibilidades. Cuando en 2008 fundaron la compañía —aupada por incubadoras e inversores como Y Combinator, Greylock Partners, Sequoia Capital o Ashton Kutcher—, en Barcelona había cerca de 596 viviendas de uso turístico.[166] En 2024 había 18 321 —al menos dentro del radar—.

La distribución de los alojamientos «A» sobre el plano de la ciudad tiene similitudes con el retrato de una inflamación. Es en la zona 1 barcelonesa donde se concentran buena parte de ellos: Ciutat Vella, Eixample, Vila Olímpica, Poblenou. En barrios como la Dreta de l'Eixample, hasta un 68 % de la población es visitante —por tanto, solo un 32 % reside—.

Coincide con las áreas más paradigmáticas de la «marca Barcelona». Las más deseables justo por ser las que más se ajustan a esa realidad imaginada. Un juego de simulación, pura apariencia. El Nathan del pasado hubiera tenido que marcharse de allí a la carrera.

La congregación en zonas concretas —las áreas del deseo barcelonés— ha dado pie a que la ciudad ya no sea como ese diario generalista abierto a todos los públicos, sino que se oriente a un público especializado, de nicho. Por primera vez los fragmentos más paradigmáticos de una ciudad no necesitan de la presencia vecinal. Más bien, requieren de su ausencia. Rendimiento sin residencia.

Los barrios de negocios, las grandes *cities*, podían asemejarse a esa subversión de la vivienda estable: en ellos no cabe espacio para que la gente viva. Pero a diferencia de lo que ocurre en la Dreta de l'Eixample, no buscan suplantar

166 https://ajuntament.barcelona.cat/pla-allotjaments-turistics/es

la apariencia de vida vecinal. Discurrir por los alrededores de las Ramblas es un sofisticado señuelo. Un divertimento para hacer creer que se trata de una Barcelona diversa, mediterránea, compacta, llena de vida vecinal. La realidad tiene más que ver con asistir a un distrito de uso único, a un polígono destinado a la actividad comercial y nada más que a eso.

Tampoco es que se sustituya a unos residentes por otros como en un barrio repleto de banderas de la gentrificación en sus balcones. Es más bien el paso de una población estable hacia una territorio destinado al paso rápido. Imposibilita el arraigo, la creación de comunidades, la existencia de masa crítica. *Scroll, scroll, scroll.*

La misma Dreta de l'Eixample sigue un curso veneciano: si en 1970 eran 71 600 vecinos, hoy apenas superan los 40 000. El 20 % de las fincas de propiedad vertical han cambiado de manos en apenas 8 años, por lo general reemplazando la cama fija por la cama variable.[167]

Pero las cosas se complican cuando ese mismo vaciado de residentes en el cogollo anímico de una población representa, a la vez, el símbolo de un éxito. El lustre del crecimiento que, como una falacia bien empinada, relaciona que a una ciudad le vaya bien con que sus centros estén repletos de dinamismo turístico —el hecho de que Barcelona dejara de tomarse como un caso de referencia no fue precisamente porque excediera sus límites...—. La autoestima depende del paso de pasajeros en tránsito reafirmando las expectativas locales.

Si el cerebro del ser humano sigue en parte instalado en el pasado, creyendo que el hombre persigue animales para sobrevivir, y en consecuencia articula recursos para acumular reservas de energía en la panza por si falla la caza, las ciudades más rutilantes se instalan en la convicción de

167 Blanchar, Clara. (2024). «Así se vacía de vecinos un barrio de Barcelona». *El País.* [En línea]. [08 de noviembre de 2024].

que su porvenir depende del tránsito infinito de pasajeros. Por tanto, atraer sin parar justifica deformarse todo lo necesario. Seguir zampando tras empacharse. Hasta que llegan las náuseas y cunde el pánico.

Mindfulness

Abusando de las portadas de *Time,* encontraríamos otra más de efectos fundacionales. Febrero de 2014. Sobre un fondo celeste, una mujer de apariencia idealizada sirve para ilustrar la historia sobre el impacto del *mindfulness* y la búsqueda de la atención plena. «The Mindful Revolution», se lee en el titular. La receta para sobrevivir a una era de estrés y *multitasking*. El furor por programas como el MBSR (Mindfulness Based Stress Reduction), un nuevo método de conexión mente-cuerpo con el que reivindicar y reclamar. Pero todo hacia dentro.

El rechazo a los intermediarios clásicos agitado con el alumbramiento de un nuevo tecnopopulismo conforman un sabroso cóctel de autoayuda. Bébete la poción y te liberarás de tus problemas. Marañas de unos y ceros para que cualquiera de esos números en solitario pueda creer que no necesita al resto. El lubricante del todos contra todos.

Una de las técnicas que describe el reportaje es la de mirar a una pasa durante mucho tiempo para centrar la atención, para poner el foco. El brebaje para superar los problemas que nos acechan exige mirar hacia uno mismo, es decir, dejar de mirar afuera. El reduccionismo de creer que el individuo puede resolver sus propios problemas implica que no necesita nada del colectivo, nada de la comunidad, nada de la acción en masa. Que no necesita nada de la ciudad.

Ronald Purser escribe en *McMindfulness*:

> En lugar de fomentar la acción radical, la atención plena dice que las causas del sufrimiento están desproporcionadamente dentro de nosotros, no en los marcos políticos y económicos que dan forma a cómo vivimos. Y, sin embargo, los fanáticos de la atención plena creen que prestar más atención al momento presente sin juzgar tiene el poder revolucionario de transformar el mundo entero. Es un pensamiento mágico.[168]

Purser, adentrándose en esa tela de araña, identifica el triunfo de la autoayuda como un hábil ejercicio de evasión respecto a la función crítica. Se trataría de endosar a los individuos su propio fracaso «para ser conscientes y resistentes en una economía precaria e incierta».

Tú, tú y tú.

«La atención plena, al igual que la psicología positiva y la industria de la felicidad en general, ha despolitizado el estrés», remarca Purser. «Si no estamos contentos por estar desempleados, perder nuestro seguro de salud y ver a nuestros hijos incurrir en deudas masivas a través de préstamos universitarios, es nuestra responsabilidad aprender a ser más conscientes».

Y si bien una cosa es poner empeño en mejorar como persona, resolver carencias propias o identificar capacidades singulares, otra bien distinta es entregarse a un gimnasio en el que muscular el «yo» hasta tal extremo suprime la conciencia social como palanca de cambio. Es «la piratería de la vida personal».[169] Querido *superciudadano*, sé fuerte.

«Se nos dice —sigue Purser— que si practicamos la atención plena y tenemos nuestras vidas individuales en orden, podremos ser felices y seguros. Por lo tanto, se da a entender que el empleo estable, la propiedad de

168 Purser, Ronald. (2019). «The mindfulness conspiracy». *The Guardian.* [En línea]. [14 de enero de 2019].
169 *Ibid.*

la vivienda, la movilidad social, el éxito profesional y la igualdad seguirán naturalmente». No es necesario, por tanto, reivindicarlos. Lejos de tratarse de un pensamiento de nicho, basta ver cómo en las librerías generalistas las secciones dedicadas al eje editorial del *mindfulness* copan cada vez más espacio. Miles y miles de títulos al respecto pululan por Amazon.

Una gran sustitución donde el cambio no encuentra su motor en la protesta organizada, sino a través de «acciones atomizadas de los individuos».[170] La diferencia clave entre «formar parte» o «pasar por ahí», entre emplazamiento o tráfico. A la ciudad le reclamaremos que nos nutra identitariamente, que nos llene el depósito del orgullo simbólico, pero los problemas que cada cual se los solvente.

No deberás elevar las preocupaciones sobre el encarecimiento de la vivienda, ni sobre la falta de diversidad de usos en el barrio, tampoco sobre el cierre masivo de negocios locales. Porque la culpa la tendrás *tú*, camarada individuo, que dejaste de comprar en el ultramarinos. Tú que no saludas a los nuevos vecinos del bloque, no formas parte de los procesos participativos, de vez en cuando incluso compras en franquicias y te aprietas un *bigmac*. Luego nos quejamos. Gentrificar será siempre culpa tuya.

O acaso de ese turista de paso echando de su edificio de siempre a los residentes. En esa línea, *The Barcelonian* —una revista de ilustración— lanzó una portada, a cargo de Andreu Zaragoza, en la que dos ancianitos bajaban con sus bártulos la escalera de su edificio, mientras que dos treintañeros —él con mochila, ella con una camiseta de I♥BCN— subían los peldaños. La imagen hizo fortuna por su fuerza icónica. Una escena *Showgirls:* el empujón a lo viejo para dar paso a la carne fresca. Personificar los problemas en esos malditos forasteros que llegan de nue-

170 *Ibid.*

vas es la mar de tentador. Echan de casa a los ancianos, son unas arpías desalmadas. Pero no es más que una treta maniquea para no mirar al contexto ni pedir cuentas más allá de las bermudas cantarinas del turista vegano votante de Justin Trudeau. En el subtexto de la imagen: el turista es el pecador, ha elegido ser malo.

Es fácil tomar como verdugos a las que pasean con pollas en la cabeza, dentro de comitivas que despiden la soltería. Son tan aparatosas que nos ayudan a ponerle cara a un problema de apariencia líquida. En la «industria del gustar», quien más escándalo arma es culpable. El sesgo de lo que vemos actúa con fuerza: la hiperrepresentación turística en el espacio se concentra en aquellas zonas donde más miramos. Pero ¿qué hay detrás del escándalo? Jorge Dioni prescribe la mirada al bosque: «El enfrentamiento entre el turista y el vecino nos impide fijar la vista sobre el modelo y pensar que todo podría arreglarse modificando los comportamientos personales, un esquema de pensamiento muy extendido desde las campañas contra la droga a la lucha contra el cambio climático», explica.[171]

Es una discusión que se desarrolla tomando a la ciudadanía como una maraña de usuarios. La ciudad, como intermediaria clásica, se ausenta: su misión es otra, su misión es estar de moda.

Aire

Con apenas unos días de diferencia, los ciudadanos de Málaga pudieron sentir extrañeza ante los mensajes que emitía su autoridad pública. A principios de 2024 la Junta de Andalucía comenzó a limitar el consumo de agua en la provincia por la fuerte sequía, decretando puntualmente

171 Dioni López, J. (2023). *op. cit.*, p. 109.

un gasto máximo de 160 litros diarios por habitante en la capital malagueña.[172]

Solo unos días más tarde, el presidente de la provincia de Málaga, en un foro turístico, dijo: «Los turistas no van a notar la falta de agua». El consejero de Turismo insistió: «No tienen que tener ningún problema».[173] No es que quedase claro quién debía esforzarse más, es que quedaba clarísimo para quién debía hacerse el esfuerzo.

También con el agua, el mensaje pasa por no perder el favor de quien aporta los *likes*: a la administración se le pone acento de *influencer* comunicándose con sus usuarios. Es la expresión de una metamorfosis identitaria. Un cambio, desde el móvil hasta el cielo, tan acelerado que lo cambió todo.

En el 2000 las Islas Baleares recibían cerca de 9 millones de turistas. En 2018 se elevarían hasta los 16. En 2002 el aeropuerto valenciano de Manises apenas veía pasar a 2,2 millones de viajeros; en 2023 se rozaron los 10. En 2007 apenas el 18 % de españoles compraba una vez al año por internet. En 2013 lo hacía el 33 %... para pasar al 77 % en 2023.

Es frecuente que la comparativa entre internet y el plano físico domine la conversación, como una disputa territorial. Pienso en una conversación entre las escritoras Núria Bendicho y Layla Martínez, cuyas historias siempre transcurren en entornos rurales. Preguntadas por su vida rural, rechazaban que lo fuera. Irse al campo no era otra cosa que extender la vida urbana en un decorado distinto. Seguir dirimiendo si nuestras vidas forman parte en mayor o menor grado del entorno físico o del digital es una dia-

172 Sánchez, Nacho. (2024). «La Junta andaluza restringe el consumo de agua en Málaga a 160 litros por persona y día». *El País.* [En línea]. [9 de febrero de 2024].

173 C. G. (2024). «El compromiso de los hoteles de Málaga este verano: no habrá piscinas vacías por la sequía». *Málaga Hoy*. [En línea]. [06 de marzo de 2024].

triba estéril. La experiencia que vivimos desde que los módems cochambrosos se pusieron a sonar en casa —el crujir de una puerta abriéndose al infinito— nos ha empujado a pasar más tiempo en la red, pero sobre todo ha eliminado la distancia entre *online* y *offline*; ha dejado de existir la opción de darle al *off*.

El cambio ha sido tan rápido que quien ha ganado la carrera —los más veloces— definen el marco narrativo. Una conquista por la cual los conquistadores imponen un nuevo lenguaje a los conquistados. Esa búsqueda desaforada de *clicks* por parte de las ciudades no es otra cosa que la sintaxis de internet. Ser una ciudad *influencer*, más que una estrategia, es para nuestros lugares una técnica de supervivencia: la necesidad de llevar el ritmo de quienes aumentan la velocidad. Ser marca, tener conversión. Más rápido, más urgente, más llamativo.

El impacto conjuga bien con la nueva dimensión que comenzaba a labrarse en los noventa, cuando el mercado aéreo de la Unión Europea alzó el vuelo de la desregulación. Las compañías podrían trazar a conveniencia sus propias líneas entre ciudades. Los vuelos de bajo coste acababan de nacer. Ryanair, donde un joven Michael O'Leary había pasado de contable a consejero delegado, lo celebraba saliendo a bolsa, comprando 45 nuevos Boeing 737-800 y vendiendo sus billetes por internet. Pretendía abaratar los costes fulminando a los intermediarios —agencias, comisiones; fuera límites—. En el curso del 2000 hacia 2001, y partiendo de cero, el 75 % de sus billetes pasaron a venderse por web. No es un cambio de formato, es un cambio de comportamiento. Fue un parteaguas para el funcionamiento de las urbes. La aceleración del uso turístico ha tenido lugar porque por primera vez podía darse a un ritmo tan alto. Veloz, veloz.

Pronto se verían los efectos. En 1998, tomando a España como ejemplo, llegaron casi 42 millones de turistas. En 2017 más de 82. No se trata de ninguna excepción ibérica. A nivel global, en 1998 se dieron cerca de 600 millones de viajes turísticos, en 2012 ya eran 1 035 millones y en 2019 se alcanzaron los 1 500. En apenas dos décadas, el número de turistas aumentó casi en 1 000 millones. ¿Estaba preparada la ciudad para un cambio tan inmenso, tan abrupto, en tan poco tiempo? «Significa —recuenta Carlos A. Scolari— que uno de cada siete humanos realiza viajes internacionales».[174] Es más, ¿estaba preparada la ciudad para poner algún tipo de límite a esa llegada de usuarios dispuestos a gastar en nuestra localidad? Claro que no: ¡nos estaba tocando el Gordo y debíamos poner cara de afortunados!

El premio, como la lotería de Navidad, estaba muy repartido. El turismo *low cost* definitivamente había «democratizado» el turismo. En 1950 los quince primeros destinos turísticos acaparaban el 98 % de las llegadas internacionales; en 1970, bajaba al 75 %; en 2007 ya solo absorbían el 57 %. Como plasma Scolari, el turismo se había globalizado. No es que fuera una incursión en «lo distinto», era «lo mismo» extendido a más partes.

Desde entonces, muchas ciudades han dejado de mirarse a sí mismas, han pasado a atender al cielo ante la llegada del próximo Ryanair. El remedio que todo lo cura. De la autoconciencia a la complacencia. Tenía sentido que mientras se podaba la prensa local creciera el tráfico internacional: ya no se trataba de que la ciudad tuviera una narrativa propia para sus ciudadanos, sino de elaborar un relato nítido para dar la bienvenida. Todo un *sorpasso* a los mensajes intraurbanos.

Los aviones eran la puerta de entrada a las ciudades. Una vez en ellas, harían falta alojamientos. Airbnb comienza a partir de la terminación de Ryanair.

---

174 d'Eramo, M. (2020). *op. cit.*, p. 29.

V

Una ciudad con una sola portada. *Scrollear* ya no es local

Prensa y ciudades comparten vértigo frente a la dicotomía entre valor o volumen. Una incursión en los motivos de tanto titular intentando explicarnos que nuestra urbe está de moda.

Novedad

La convicción de que la digitalización de nuestras vidas incluía un botón, a la espalda, que nos permitía desconectar y volver a la dimensión *off* de la ciudad, es pura melancolía: tratar la realidad urbana como antes. Como si por estar en el mismo sitio, las ciudades fueran las mismas. El enfoque incorpora un sesgo similar al que sitúa el problema de los periódicos en la obsolescencia del papel. No es lo que se queda antiguo, sino lo que viene nuevo.

En los primeros años del cambio tuvimos la convicción de que los medios impresos —víctimas más visibles— sufrían solo una variación de soportes. Algo así como una materia que pasa de sólida a líquida. Pero es más bien una sublimación: el contenido que antes se difundía en las hojas de la mañana pasa a ser gaseoso, a ocupar cualquier grieta.

En 2022 la suma de todos los diarios impresos en España se acercaba a los 6 millones de lectores, sensiblemente inferior a la cifra que se daba, ya menguante, en 2007, con más de 15 millones. Mientras que en 2007 la penetración de los periódicos en papel era del 41 % entre los españoles, en 2022 apenas rozaba el 13,8 %.[175] Unos registros que (oh, sorpresa) siguen cayendo. Muy atrás queda el enfado de Pedro J. Ramírez, cuando en 1994 *El Mundo* entrevistó al fugado Luis Roldán y por falta de papel «solo» pudieron vender 810 000 ejemplares en una mañana.[176] En 2022 la misma cabecera apenas lanzaba diariamente 37 000.

Las razones que han provocado cambios profundos en un plazo escaso de tiempo, en cuestiones como el consumo de prensa o los usos turísticos, no son pura causa-efecto, pero están enredadas. El pensamiento de fondo que sirvió de catalizador sí es el mismo.

Por mucho que tratáramos a la ciudad como una superficie física inmutable, comenzaba a parecerse a un plano hecho pedazos frente a una nueva competencia: un océano de ventanas ubicadas en todas partes, a todas horas. La *uberización* de las calles es el efecto más perceptible, con nuevos invitados deslomados con sus mochilas de amarillo. Pero la alteración más masiva, sin embargo, es otra: tiene que ver con la forma de pensar los lugares donde vivimos. Hemos acostumbrado a nuestro cerebro a requerir reclamos continuamente y, mientras que el listón de deseos para con la ciudad se dispara, nuestra percepción de que la ciudad nos da menos de lo que le pedimos crece. Donde antes todo sucedía, creemos que suceden pocas cosas.

Las relaciones con la ciudad se desmitifican. Como la prensa tradicional, la ciudad clásica no contiene la car-

175 Cano, Fernando. (2022). «Los periódicos de papel pierden dos tercios de sus lectores en la última década». *The Objective*. [En línea]. [20 de abril de 2022].
176 Rubio, Antonio. (2023). «Ahora que Paesa ha muerto, quedan por resolver sus papeles». *El Confidencial*. [En línea]. [6 de agosto de 2023].

ga dopamínica necesaria. Con el afán de estar a la altura, las capitales lanzan reclamos centelleantes —consumo de ocio, exhibición internacional, distintivos personalizados— por encima de cualquier otro indicador en la gestión. Vigo es ese caso luminoso en el cambio de los estados del deseo. La tematización frente a la función: ya no se promete con la misma intensidad el facilitarnos la vida, sino azucararla con sus espectáculos. Tras la desindustrialización, bombillas. El ofrecimiento de la ciudad como creadora de contenidos.

Todas las ciudades se parecen demasiado, nos advertimos. Y es que todas se alimentan de lo mismo. Stiegler habla de un proceso de sincronización masiva que fue en pista rápida a partir de nuestro año de cabecera, 1992: «La estandarización de la experiencia a tal escala (...) implica una pérdida de la identidad y de la singularidad subjetiva».[177] Así en el declive de la prensa local como de la ciudad española media. Todas las portadas serán la misma.

Y si en un primer momento —ya se sabe, cuando internet era pasto para los unicornios—, las comunidades digitales reproducían con cierto ingenio la estructura de las ciudades, intentando responder a las mismas lógicas —Facebook se constituía como una plaza central a la que acudían los vecinos—, pronto fueron atomizándose ante algo elemental: la necesidad frenética de provocar el *scroll*. Sin plaza ni calles, solo una pared vertical.

«La era de las comunidades digitales está sucumbiendo, lentamente, frente a un consumo en cascada, continuo, con interacciones de valoración mínimas y sin agregar valor ni crearlo de manera colaborativa y participada», señala el consultor Antonio Gutiérrez-Rubí.[178]

El informe State of Mobile 2022 concluyó que los españoles pasamos cerca de cinco horas viendo el móvil —en

177 Crary, J. (2015). *24/7*. Ariel, p. 60.
178 https://www.gutierrez-rubi.es/2023/05/05/politica-short/

2016 eran poco más de dos horas—.[179] Mi teléfono señala algunas horas por encima. Una dedicación así de intensiva distorsiona la sensación del tiempo pero también redoblaba la exigencia de reclamos. No basta con consumir ciertos contenidos de interés, sino que el contenido principal también pasa a ser la navegación, un divagar innato. La vieja costumbre de leer el periódico una vez al día, en un formato finito, no solo es que quede obsoleta, es que el hábito que lo ha reemplazado está en las antípodas de esa lógica. Sucede parecido con nuestra experiencia de ciudad.

Mientras que a lo largo de la historia los avances tecnológicos se habían sedimentado sobre períodos extensos, el nuevo orden se conformó sin apenas percatarnos. Si en 1995 internet «era sobre todo algo sobre lo que especular, y no tanto algo que usar», donde «solo un 14 % de los estadounidenses adultos se habían conectado a internet en alguna ocasión», recuerda Klosterman,[180] solo un poco después el sistema se sustentaba sobre su uso.

El mercado de la prensa supo antes que nadie que se enfrentaba a un oleaje completamente distinto a ninguna de las crisis a las que previamente había hecho frente —y que le llevó a emprender un sálvese-quien-pueda de manual—. Buena parte de los periódicos encajaron esa nueva demanda de atención trufando sus portadas de actualizaciones continuadas, de un empleo desmesurado del término «Urgente» y «Última Hora». Tensionar la realidad permite dar la sensación de que no hay motivo para bajar la guardia informativa. Al fin y al cabo no se trata de comprar el periódico una vez al día, sino muchas veces durante todo el día.

Con menos peones, las tareas se han multiplicado y es un lugar común en la añoranza informativa hablar de aquellos años en los que un redactor disponía de tiempo

---

179 Vázquez, Karelia. (2023). «No son ideas suyas, el tiempo vuela porque ya pasamos casi un cuarto del día "escroleando" en Internet». *El País.* [27 febrero 2023].
180 Klosterman, C. (2023). *op. cit.*, p. 189.

para investigar y preparar un reportaje largo. El mismo color sepia que el recuerdo de cuando la vieja confitería de la esquina cerró y fue reemplazada por una terminal de *speciality coffee*. Mucho más con mucho menos. *Riders* de la información llegando al periódico.

Las ciudades hicieron como si no fuera con ellas. Es más, instaladas en la misma benevolencia de espíritu que los fundadores de la red, solían entender el gran cambio como un hermoso marco de optimización, cuya respuesta ante las transformaciones ha sido tirar mano de un amuleto: querer ser una *smart city*, con dinámicas parecidas a la posterior ensoñación en el metaverso. Y el mismo problema: un intento de embellecer la identidad de la ciudad sin afrontar los daños colaterales de los principales embates del oleaje digital.

¿Enorme concentración de oferta de viviendas rápidas para población en tránsito? Somos *smart city*. ¿Efecto donut y vaciado de los centros urbanos por el impacto de la digitalización del turismo? *Smart city*. Nuestras ciudades han llegado a parecerse a la cuenta paródica de Internet Explorer (@IExplorerLOL): simulando vivir en un tiempo que ha dejado de existir.

Su gran ventaja —la dificultad para delimitarlas, la diversidad de confluencias— es a la vez su gran lastre. Las corporaciones hormonadas de *gigas* y hasta las trancas de anfetas financieras supieron a la perfección en qué hora estaban; asistían a un tremendo festín en los lugares en los que solíamos residir. Estábamos más preparados para afrontar el «Efecto 2000» que para recibir el *ticket* «Ryanair+Airbnb».

«Una guerra total por el tiempo de una audiencia que tiene más opciones que en cualquier momento de la historia. Es algo que nunca ha existido antes, no de esta forma», insiste

Ezra Klein.[181] Acostumbrados a tener relojes que medían las unidades de tiempo en fragmentos finitos, se nos rompió el control de las horas. La ciudad, que cree no tener otra alternativa, concursa en la Operación Dopamina.

El ingeniero Aza Raskin inventó el *scroll* infinito y, pasados los años, calificó su solución tecnológica como «una dinámica muy adictiva que no permite al usuario procesar la información que lee. Es como si rociaran cocaína conductual por toda la interfaz», dijo en la BBC el Oppenheimer de internet. Nos hemos acostumbrado a deslizarnos renovando contenidos al instante, demandando información nueva a cada paso. ¿Pueden acaso nuestras ciudades rampantes estar a la altura de ese frenesí, con la exigencia de ofrecer novedades ilimitadamente? Sobre todo: ¿conviene que lo estén?

Colaboración

Si en el viejo orden se usaba la portada del día para fechar un acontecimiento —poco después un secuestrador apenas podría encontrar un diario con el que certificar que el cautivo siguiera vivo—, hoy gran parte de los periódicos locales se han quedado atrapados en un calendario de pared.

En 2023 un artilugio, Ac2ality, comandado por cuatro veinteañeras madrileñas, se había convertido en poquísimo tiempo en la segunda cuenta de información con más viralidad en Europa. Solo el *Daily Mail* acumulaba mayor comunidad líquida. A través de piezas directas que aprovechaban los vídeos de otras plataformas informativas, su labor era desanudar cuestiones de actualidad con un lenguaje sencillo y directo que arrasaba en TikTok.[182]

181 Klein, E. (2021). *Por qué estamos polarizados.* Capitán Swing.
182 Pérez Colomé, Jordi. (2023). «Las cuatro veinteañeras madrileñas que han creado el medio informativo en español más grande de TikTok». *El País.* [En línea]. [04 de enero de 2023].

Un éxito efímero, como el de Íñigo Quintero, el cantante desconocido que de un día para otro se convirtió puntualmente en uno de los artistas más escuchados del mundo, algoritmo mediante.

Cuando el periodista Pérez Colomé contó la historia de Ac2ality para *El País,* hubo cierta escandalera al considerar que blanqueaba a cuatro oportunistas. Se las denunciaba como si tomaran carne robada de otras carnicerías para servir platos ultraprocesados. Los denunciantes tenían razón y, por supuesto, no tenían razón.

Solo un poco antes, en 1828, el visionario Émile de Girardin fundaba en Francia la prensa de baratillo al crear *Voleur* [a traducir como «ladrón»].[183] Una práctica con la que De Girardin tomaba los mejores artículos que habían aparecido durante la semana en otros periódicos y los reproducía en su semanario. Lo hacía sin pedir permiso, y sin pedir perdón. Se mantuvo así hasta 1909. El debate sobre si era una manera de robar o de compartir se resolvería más tarde, en los años mágicos a partir de 2004: robar y compartir cabían en los mismos márgenes si se hacía pasar por *colaborativo.*

Las respuestas a fenómenos como el de Ac2ality se canalizan con reacciones de repliegue, acusaciones al mensajero y andanadas nostálgicas. Son la expresión natural de un desconcierto, el deseo de regresar a un estado de las cosas más o menos predecible, «como lo de siempre, lo de antes». El problema no pasa por que una cuenta en TikTok compita contra los formatos clásicos. La cuestión es que los Ac2ality, los *Voleur,* están por todas partes, a todas horas y se reproducen a la velocidad de la hormiga guerrera africana —3 millones de huevos al mes—. Ha dejado de ser una competición contra otros medios u otros formatos, es una lucha contra una sincronización masiva. Lo definió con franqueza el director ejecutivo de Netflix, Reed

183 Cagé, J. (2016). *Salvar los medios de comunicación.* Anagrama, p. 15.

Hastings, cuando explicó que su plataforma no competía contra otras: su gran competidor era el sueño.[184]

En los quioscos donde se vendían periódicos, ahora se sirve café de origen etíope. Cuesta el doble que un diario pero ayuda a mantener los ojos abiertos. Los periodistas, los periódicos, el periodismo, venían padeciendo una transformación repleta de similitudes con lo que se daba embrionariamente en los centros de nuestras ciudades, en una escala de tiempo idéntica. La audiencia estaba comenzando a relacionarse de manera distinta, sentía emociones aceleradamente.

Promocional

La ciudad y los periódicos se leen igual. La prensa avisó —siempre avisaba— al marcharse de Fleet Street, la calle gremial, cerca de la catedral londinense de St. Paul, donde se apiñaban hasta entonces la mayoría de cabeceras. El emplazamiento común estaba justificado porque las redacciones necesitaban tener cercanía inmediata a la imprenta. Un recuerdo de cuando el trabajo en las ciudades dependía de la disposición física de sus infraestructuras.

En los noventa le pidieron al crítico Deyan Sudjic que escribiera sobre la gentrificación en Londres. Comenzó por el principio:

> La forma tradicional de la ciudad con un mercado, una universidad y un periódico que acababa en el campo estaba cambiando. (...) Por aquel entonces, en Londres, las redacciones de los periódicos estaban abandonando Fleet Street para trasladarse al extrarradio. Quise entender qué quería decir todo aquello.[185]

---

184 Klein, E. (2021). *op. cit.*

185 Zabalbeascoa, Anatxu. (2015). «Deyan Sudjic: "Todavía estoy haciendo las paces con mi pasado"». *El País Semanal.* [En línea]. [2 de marzo de 2015].

Al igual que esos ciudadanos obligados a deslocalizar sus vidas desde los barrios céntricos, los periódicos se desplazaron más allá porque el centro ya no los necesitaba. Podían prescindir de las coordenadas de donde-siempre. El avance tecnológico por fin desvinculaba al cerebro de la maquinaria; redacción e imprenta bailarían despegadas. «La última industria pesada que quedaba en el centro de Londres cerró por fin».

Las complicaciones de la prensa y de la propia urbe para ser intermediarios ante la sociedad poco tienen que ver, pese a todo, con la distancia entre sus renovadas salas de máquinas y las calles céntricas. Lo que cambió fue el código de circulación.

Afloran con profusión medios digitales alrededor de los principales núcleos de poder territorial en España. Puede pensarse que es por su carga demográfica, por su influencia, porque es por donde circula el capital. Y sí, pero no solo por eso. Son también el epicentro del mayor gasto en publicidad institucional. Nada como un sector inmunodeficiente para influenciar en el mercado de los titulares.

Los números de la Asociación de Editores son cristalinos: si en 2007 la prensa impresa y digital recibía 1 900 millones de euros, en 2022 solo eran 733. En ese mismo período —hace cuentas Pere Rusiñol—[186] la publicidad en redes sociales y buscadores pasó de 396 a 3 000 millones. Entre tanto, en torno a las supernovas de Madrid y Barcelona, han nacido nuevos medios sin parar.

El secreto está en la masa. Galletero-Campos y Álvarez Peralta, en su informe «Mapa de la publicidad institucio-

186 Rusiñol, Pere. (2023). «Burbuja mediática y liberales con truco». *El País*. [En línea]. [31 de diciembre de 2023].

nal en España», constatan incrementos significativos.[187] La Comunidad de Madrid pasó de gastar 12,1 millones en 2020 a dedicar 27,5 en 2022 —no se incluye el gasto de organismos dependientes de la autonomía, como el Canal de Isabel II—. Catalunya, en 2022, dedicó hasta 34,4 millones a la misma partida. En el estudio se refleja una arbitrariedad y opacidad generalizada en los procesos de contratación. Aunque a veces basta con alumbrar la adoración dirigida hacia líderes autonómicos para entender dónde se dan las inserciones más generosas.

Muchos de estos medios obtienen recompensa doble: gracias a estrategias editoriales basadas en el *clickbait* acumulan puntos ante las exigencias institucionales, proporcionales al tránsito digital; pero al mismo tiempo también siembran relaciones de afecto para con los dirigentes territoriales. Una buena cosecha. Es un modelo que no pretende construirse a partir del cuidado de las comunidades, la calidad de los contenidos o la fidelización de audiencias, sino de un tránsito captado por la inflamación. Y que debe cuidar con mimo a sus principales patrocinadores: el territorio para el cual desarrolla sus narrativas.

La cuerda tensada entre la información y la publicidad se decanta en unas cuantas plazas a favor de la promoción institucional. Es sencillo acabar dando por bueno un marco informativo repetido hasta la extenuación por el cual se celebran las bienaventuranzas de un lugar, pero conviene añadir un asterisco: es propaganda, *branded content* geolocalizado. La conclusión es fácil: con un buen presupuesto se puede comprar la soberanía narrativa, a mayor gloria del pagador.

187 Galletero-Campos, B., y Álvarez-Peralta, M. (2021). «Mapa de la publicidad institucional en España: Marco jurídico y mecanismos para la rendición de cuentas». *Revista Española De La Transparencia*, 2(13), 107-128.

En el mismo ciclo que en Europa se desreguló el mercado aéreo, en 1997, en Estados Unidos, el Congreso validó la ley de telecomunicaciones. Facilitó que los medios locales fueran engullidos, uno tras otro, por *holdings*. Un duelo entre masas tan descompensado que barrió a los *pezqueñines* de la prensa y la televisión. La tendencia espontánea había hecho inevitable el desenlace desde poco antes: en 1980 existían 760 propietarios de periódicos, en 1995 eran 455. Y si en 1980 se publicaban 1 730 periódicos, en 1995 eran 760. La evolución en el mercado de noticias dio buenas pistas sobre el porvenir de las autonomías urbanas.

La analista Hannah Sassaman define el resultado como un «sistema de noticias homogeneizado», el triunfo de «un solo punto de vista (...) que distribuye las mismas historias por múltiples canales».[188] El esbozo de unas coordenadas únicas.

Superponiendo las portadas de los diarios, Klosterman hace el ejercicio de comparar el nivel de diversidad noticiosa en los periódicos estadounidenses el 10 de septiembre de 2001 respecto a cómo comenzaron a ser a partir del 11 —no tanto por las repercusiones directas del 11-S como por su simbolismo como año cero—:

> Siempre que el mundo cambia de forma rápida y dramática, la reacción visceral es pensar que la sociedad debe de estar desintegrándose. Suele decirse que los traumas nacionales hacen añicos el *statu quo* anterior y reducen a esquirlas la interconectividad, que crea un fantasma de seguridad. Lo que ocurrió en Norteamérica tras el 11-S fue justo lo contrario. La sociedad no se desintegró en absoluto. De hecho, se quedó pegada de forma irrevocable. Todas las conversaciones se convirtieron en la misma. Las dife-

188 Tanner, G. (2022). *Las horas han perdido su reloj: las políticas de la nostalgia*. Alpha Decay, p. 137.

rencias ideológicas se inflamaron, pero no por la separación intelectual: era el narcisismo de las pequeñas diferencias, convertidas en diferencias que ya no eran pequeñas. La ilusión que se hizo añicos fue la posibilidad de vivir una vida autónoma, separada de las vidas de los demás.

Mirar las portadas de unos cuantos periódicos al azar del 10 de septiembre de 2001 es como contemplar múltiples realidades, un multiverso de experiencias no conectadas entre sí y ocurridas a menos de cinco horas de distancia. No eran solo las noticias locales las que eran diferentes. Era el panorama completo lo que importaba. El titular de portada de *Los Angeles Times* era para el vehemente ataque del senador Joe Biden al sistema de defensa antimisiles del Gobierno de Bush, aunque también había un artículo en primera plana sobre la estrategia de Kentucky Fried Chicken para vender pollo en China. El *Star-Telegram* de Fort Worth analizaba los indicios de una recesión que se avecinaba y la solvencia de la Seguridad Social. La portada de *The Tennessean* se centraba en la exorbitante cantidad de ayudas federales que iban a parar al sector agrícola, mientras que el *St. Louis Post-Dispatch* informaba de que el estado de salud de los norteamericanos de las zonas rurales era peor que el de los que vivían a las afueras de las ciudades. La portada del *Chicago Tribune* abordaba el control fronterizo con México. El *Honolulu Star-Bulletin* le daba prioridad a un estudio que revelaba que hasta uno de cada cien niños estadounidenses podría tener alguna relación con la industria del sexo. *The Des Moines Register* expresaba preocupación por una posible escasez de vacunas contra la gripe. El artículo de portada del *Detroit Free Press* hablaba de la investigación en marcha en torno a la desaparición de Jimmy Hoffa en 1975, mientras que el *Reno Gazette-Tournal* titulaba que Barry Bonds iba de camino a conseguir 70 *home runs.* Algunas noticias se repetían en todas partes —un tiroteo en Sacramento, un atentado suicida en Israel, los resultados de los partidos de la NFL de la tarde anterior—, pero no había nada parecido a una fijación común de la que todo el mundo estuviera discutiendo al mismo tiempo. (...) El mundo seguía siendo grande.

> *The New York Times* apareció en las puertas de las casas a la mañana siguiente. Había artículos de todo tipo en primera página: el suministro de células madre, una polémica sobre el código de vestimenta en las escuelas, el competitivo mercado de la programación matinal, y hasta cinco más. Los periódicos en papel les llegaron a los suscriptores en torno a la misma hora en la que diecinueve hombres con cúteres pasaban a través de los laxos controles de seguridad de cuatro aeropuertos diferentes y embarcaban en cuatro vuelos interiores. Los aviones fueron secuestrados, se lanzaron contra unos edificios, 2 977 personas murieron y los noventa se vinieron abajo con los rascacielos.[189]

En la España en la que nunca pasa nada, Sergio Andrés Caballero fotografía la escena en aquellas capitales provinciales congeladas antes de 2001, por mucho que el tiempo haya seguido avanzando desde entonces: «Todo es lo mismo, no se sabe en qué ciudad se encuentra uno cuando circula porque las calles, los comercios, los escaparates y los cuerpos que pasean las aceras son los mismos en todas partes».[190] Se quedaron sin portadas, solo les quedó la bala del *clickbait.* Agitar alguna novedad donde pudiéramos hacer *click.*

Nostalgia

Si nuestras calles se parecen tanto a las de otros, si las voces que nos contaban sufren una agonía afónica, hay un asidero en el que encontrar acomodo: vivir nuestras ciudades a partir del recuerdo de cómo eran. «La homogeneización siembra inestabilidad social al desplazar a las personas mediante su violento aplastamiento de la diversidad. Y desencadena la nostalgia entre los vecinos, quienes echan de menos cómo era su comunidad…», escribe Grafton Tanner.[191] Una invitación a leer los periódicos de ayer.

189 Klosterman, C. (2023). *op. cit.*, pp. 434-435.
190 Cabello, S. A. (2021). *La España en la que nunca pasa nada.* Foca, p. 142.
191 Tanner, G. (2022). *op. cit.*, p. 70.

De manera directa, decantarse por recordar lo que fue ejerce de somnífero: impide imaginar un futuro en común, da por hecho que ya nada volverá a ser como «lo de antes». No, claro que no, pero ¿es posible que sea de otra manera a como es ahora? La nostalgia puede ser placentera, pero si solo hay nostalgia provoca el mismo efecto dulce que la muerte por hipotermia.

Con toda lógica, para muchas personas envolverse en «lo que fue» es la única narrativa que les permite relacionarse con su ciudad: les aporta una percepción mayor de soberanía. Solo que son afectos sobre una ciudad que ya no existe, y por tanto contribuyen a proyectar el futuro desde el blanco y negro, a desactivar los caminos propios, a quedar a merced de cualquier solución oportunista que nos prometa futuro, aunque ese futuro no nos incluya.

Esteban Hernández escribe que

> la mayoría de la población continúa atada a sus territorios, que no pueden acceder, aunque lo intenten, a la vía rápida de circulación global, cuyo humor se aleja del optimismo respecto del futuro y que necesita una esperanza que no encuentra. A veces tradicionalista, a veces nostálgica, en unas ocasiones puramente aspiracional y en otras insurgente, esa mayoría simplemente sueña con un lugar que no es este.[192]

Una evasión de la realidad que deja todo el carril libre a quienes sí viven el momento, quienes sí tienen un plan corporativo para la ciudad y la extracción de sus recursos. Como recuerda Innerarity:

> La privatización del futuro consiste en no esperar nada bueno en el plano colectivo y estar satisfecho con la propia situación, una actitud que pone de manifiesto, entre otras cosas, que hemos desvinculado nuestro destino individual del común y que hemos

192 Hernández, E. (2022). *op. cit.*, p. 25.

> abandonado a su suerte a aquellos cuyo destino personal depende especialmente del destino de todos.[193]

Detrás de muchas de las principales transformaciones políticas de los últimos años hay ciudades —y ciudadanos— queriendo ser lo que eran. Alec MacGillis insiste en que buena parte de la sorpresa por la aparición de fenómenos como Trump tiene que ver con la ausencia de ojos, de aduanas informativas. En la recesión de 2008, la cantidad de periodistas de St. Louis, de Buffalo o de Tampa había menguado considerablemente.

Era en Washington, ejerciendo de agujero negro, donde se concentraba la mayor fuerza periodística. Y eso tiene consecuencias en las dificultad para entender un país. «Tener a tantos periodistas en la próspera Washington (…) suponía que un porcentaje mayor de los reporteros de los medios de comunicación nacionales vivían y trabajaban en un lugar donde las cosas iban mejor que en ningún otro sitio, y podían tener una impresión equivocada sobre las condiciones en las que se encontraba el país porque no eran conscientes de lo que pasaba "ahí fuera"», razona MacGillis.[194] Cuando la DANA arrasó un amplio puñado de municipios valencianos, al día siguiente solo uno de los periódicos principales que se imprimen en Madrid —fue *El País*— llevaron al centro de sus portadas la catástrofe inmensa. Una falta de reflejos atribuible a ese mismo «efecto Washington».

Puede parecer contradictorio que usar mucho más las redes, y por tanto dedicar más tiempo a comunicarnos, nos desvincule. Estar permanentemente enredados puede fortalecer los nudos, pero solo con los hilos de nuestras

193 Innerarity, Daniel. (2023). «El futuro de la democracia». *El País.* [En línea]. [3 de noviembre de 2023].
194 MacGillis, A. (2022). *op. cit.*, p. 129.

creencias previas. «Paradójicamente, la hiperconectividad puede favorecer la fragmentación, es decir, que habitemos en mundos radicalmente diferentes», explica Innerarity.[195] Sulzberger añade:

> Las redes sociales hicieron tres cosas para dividir a la sociedad en muchas tribus a veces superpuestas y a veces en guerra unas con otras: crearon unas condiciones en las que es muy fácil organizarse en grupos con ideas afines; creó unas condiciones en las que se difunden más las opiniones más radicales; y por último ayudó a esa gente a movilizarse de una forma más eficaz.[196]

Más allá de las pretensiones de Zuckerberg por construirse su propia ciudad alienada y sintética, el origen de Facebook resultaba lo más parecido a una plaza capaz de integrar visiones diferentes. El crecimiento posterior de las redes consistió en contradecir esa idea.

«Dejad de hablar entre vosotros y empezad a comprar cosas», sintetiza Cory Doctorow a propósito de la deriva.[197] El paso del primer Facebook hasta TikTok es el del viaje de las plataformas «para la relación» hasta llegar a las plataformas «para la exposición».

Michael J. Sendel urge a tener mecanismos «para la conversación pública que no acepten sencillamente el modelo de negocio dirigido por la publicidad que tienen las compañías tecnológicas. Un modelo de negocio que depende de mercantilizar la atención, de mantener a la gente el mayor tiempo posible para poder recabar más y más datos personales para venderles cosas (...), eso es

---

195 Innerarity, Daniel. (2023). «Demasiada Conexión». *El País.* [En línea]. [28 de mayo de 2023].

196 Suárez, Eduardo. (2024). «A. G. Sulzberger, editor del *New York Times*: "Nuestro sector necesita pensar más en grande"». *Reuters Institute.* [En línea]. [22 de febrero de 2024].

197 Alpañés, Enrique. (2023). «Ver, oír y comprar. Por qué nadie tiene amigos en TikTok y cómo nos afecta». *El País.* [En línea]. [15 de abril de 2023].

antitético al tipo de conversación pública que necesitamos».[198]

«En redes —sostiene Ricardo de Querol— evitamos el contacto con el diferente, mientras que en la vida real te encuentras con gente de derechas, de izquierdas, homosexual, heterosexual… y esa convivencia te enriquece y abre tu mente. El gran riesgo, que debe combatirse, de la era digital es ese: evitar el contacto con los que son diferentes a ti».[199]

Los partidos desnortados buscan explicación de cómo la clase obrera, que creían bajo su administración, les fue infiel con otras formaciones. Pero no es que hubiera cambiado de sitio, es que se había desintegrado en porciones infinitas. En dos décadas el porcentaje de población que dice ser de clase obrera en España ha pasado del 50 al 16 %.[200] ¿Más ricos? No, más desconectados.

Entre los *freelance* de las ciudades los primeros en conseguir ciertos avances sindicales han sido los repartidores de comida. Son los que comparten tiempos de espera. Juntos, hasta que les adjudiquen su pedido en la puerta de una cocina, «empezaron a surgir conversaciones donde se compartían las preocupaciones de unos y otros. De ahí viene la fuerza para las primeras asociaciones de *riders*», según la periodista Paula Solanas.[201] Sin espacio común, sin tableros para la conversación, no hay desafíos comunes.

---

198 Guimón, Pablo. (2023). «Michael J. Sandel, filósofo: "La izquierda debe ofrecer una visión positiva del patriotismo"». *El País.* [En línea]. [14 de mayo de 2023].
199 Junquera, Natalia. (2023). «Ricardo de Querol: "El gran riesgo de la era digital es evitar el contacto con el diferente"». *El País.* [En línea]. [14 de febrero de 2023].
200 Peláez, Raquel. (2023). «"Ser casero conlleva una responsabilidad social. Es algo que puede generar mucho sufrimiento a la gente"». *El País.* [En línea]. [01 de mayo de 2023].
201 Solanas, Paula. (2023). «"Le hemos dado una épica exagerada a la figura del emprendedor"». *El País.* [En línea]. [03 de julio de 2023].

Frente al aislamiento y la desconexión, hay un modelo eficaz: se llama ciudad, aunque es un derecho que solo se activa si se ejerce. El culto a la conversación cruzada se llama ciudad; el encuentro entre diferentes se llama ciudad; la complejidad frente a la simpleza se llama ciudad. No es que la ciudad sea el órgano perfecto —es evidente que su sala de máquinas está grillada—, pero es lo más cercano a la adquisición de ciertas conciencias compartidas, en contraposición a unos juegos del hambre entre individuos ajenos.

Invisibilidad

El viejo ejercicio de descifrar lo que sucede en nuestro entorno inmediato pasando las páginas del periódico más próximo es percibido con la misma adoración retro que la sombrerería que aguantaba resistente (digo, resiliente) en los confines de nuestro centro. Se entiende que era una mera cuestión de recambio: muere la cabecera impresa, nace la cabecera digital, con lo cual la relevancia informativa de nuestras ciudades queda ilesa.

La teoría es impecable. Solo que en ese traspaso de poderes se crea un vacío. No es que se informe menos, es que se informa con menos en un nuevo entorno tan fragmentado como un jarrón lanzado desde lo alto de un rascacielos. La pérdida de hojas de los diarios se dio al mismo tiempo que se recrudeció el vuelco de ciudades en marcas. Cuanto más pequeña se hacía la discusión informativa local, más terreno ganaba la promoción: difundir la marca-ciudad era el antídoto frente al vacío.

Fever, la *startup* unicornio —más de 1 000 millones de valoración— basa su modelo de negocio en plataformas locales de difusión promocional: Madrid Secreto, Barcelona Secreta... El nuevo Time Out de la era digital. Valencia

Secreta tiene 337 mil seguidores en Instagram, por 55 000 de los periódicos tradicionales *Levante* y 40 000 de *Las Provincias.* Sevilla Secreta tiene 292 000 por 59 000 del *Diario de Sevilla.*

Cuando las ciudades se quedan sin masa crítica con la que poder debatirse, fiscalizarse o cohesionarse, ocurre que es también su voz la que se acaba anulando: ese clima comunicativo que parte de las señales de la propia ciudad es sustituido por publicidad turística. Una afonía aprovechada por la «marca» para tomar ventaja sobre la «ciudad».

Tampoco es que un periódico tenga efectos chamánicos por los que su propia existencia propicie la cohesión local y la higiene democrática —hay periódicos negligentes, ¿verdad?—, pero su influencia de nicho solía contribuir a fijar asuntos propios, una agenda adaptada a la realidad particular.

Afrontar la decadencia de los periódicos locales como quien atiende al cierre de un comercio centenario es equívoco. Comercios y medios pueden bajar la persiana y dar paso a lo nuevo, una rutina tectónica deseable. Pero la caída del diario termina de erosionar la conversación local.

Avanzándose mucho a la digitalización, Paul Valéry pronosticó que la evolución tecnológica permitiría a los mensajes adquirir «una especie de ubicuidad (...) ya no estarán solo en sí mismos, sino en todos lados donde haya alguien y un mensaje». Para Valéry era difícil imaginar que esa difusión se daría a un ritmo tan masivo, en un escalado tan infinito, que la «ubicuidad» acabaría en «invisibilidad». El tablero informativo se volvió un gran *feed* sin mediadores ligados a las comunidades locales, sino a algoritmos al margen de las reglas.

Eduardo Suárez entrevistó al editor del *New York Times,* A. G. Sulzberger, y le preguntó por qué el modelo de los periódicos locales estaba diezmándose tanto mientras que su periódico —un mastodonte— había encontrado un camino exitoso. Su respuesta es una lección sobre el funcionamiento de las ciudades y, en consecuencia, de sus periódicos:

> Lo que está ocurriendo es básicamente una separación entre los medios nacionales y los medios locales. Después de una década en la que ambos cayeron al mismo ritmo, se puede ver que el declive de los medios nacionales se estancó y luego estos comenzaron a recuperarse. Todos somos todavía más pequeños que hace veinte años, pero todos hemos vuelto a crecer.
>
> Esto quiere decir que si se continúa invirtiendo en esa promesa periodística fundamental, las economías de escala básicamente pueden sostener a los medios nacionales en Estados Unidos.
>
> El problema es que los medios locales no se benefician de esas economías de escala. Así que creo que los problemas que afronta el periodismo local son un desafío muy distinto y muy profundo.[202]

La modificación en la dieta informativa tiene impacto en la percepción de nuestras relaciones con la ciudad. Supone externalizar a los proveedores: pasar de la información que brota desde un lugar, a la información que no tiene origen.

En 2018 ya solo el 32 % de personas entraba a un sitio web para informarse. Pero es que en 2023 lo hacía el 22 %, según el informe anual *Digital News Reports.*[203] Durante una semana el 52 % de los mayores de 25 años acaba entrando en una web informativa, frente al 24 % entre los menores de 35. En mitad del estudio hay otra conclusión definitiva: el 27 % de la población encuestada

202 Suárez, Eduardo. (2024). *op. cit.*
203 García Baroja, Andrea. (2023). «Las redes sociales ganan terreno en el consumo de noticias y TikTok sigue su ascenso entre los jóvenes». *El País.* [En línea]. [14 de junio de 2023].

no acepta que sean los medios de comunicación los que jerarquicen el contenido informativo según su criterio.

La pretensión territorial de la prensa española es tan evidente que el nombre de las cabeceras permite adivinar el objetivo de su influencia.[204] La mención al marco regional determinaba el nombre de los diarios a principios del siglo XXI: 25 se llamaban como su provincia o capital; 20 hacían referencia a la comarca; 17 a la autonomía. La abundancia de periódicos escalaba conforme el territorio iba alejándose de Madrid, siguiendo la necesidad de un espacio central para la discusión propia. Todo ese marco, claro, es ya poco más que hojarasca.

Sin esa lubricación, a muchas ciudades les arrasa el óxido. Pierden el principal instrumento para marcar su ritmo informativo. Una mayoría muy amplia de esos medios ha reducido su estructura a mínimos, su tirada en papel es residual y muy concentrada en edades avanzadas. ¡Pero estamos en la red!, insisten con ímpetu. Solo que el entorno digital en nada reproduce los vínculos umbilicales territorio-prensa. En 2020 TikTok era una fuente habitual de noticias para el 20 % de los estadounidenses; en 2023 lo es para el 43 % —datos del Pew Research Center—. El cambio ha hecho que en lugar de hablar sobre «lo nuestro» se procure hablar «de nosotros».

Permanencia

En el libro *El periódico* María Ramírez relata un episodio alumbrado por la luz de un nacimiento. Mediados de los noventa; Mario Tascón —pionero español del periodismo digital— da clases y habla para sus alumnos sobre un futuro vinculado con internet y los periódicos:

204 Desvois, J. M. (2002). «Los territorios de la prensa diaria de información general en España» en *Prensa, impresos y territorios en el mundo hispánico contemporáneo*. PILAR: Universidad Michel de Montaigne.

> Un periódico que podrás ver y recibir en cualquier sitio. Habrá varias formas de recibirlo. O bien conectándose a una red que haya en los quioscos o bien por satélite. Lo podrás recibir cuando estés de vacaciones en la Costa del Sol o cuando estés en Nueva York. Podré levantarme por la mañana y leer *El Mundo* en Nueva York. Pero *El Mundo* no del día anterior o de días antes, como el que nos dan en el avión, sino el de ese mismo día. En Nueva York, la edición de la tarde. Las ediciones serían continuas. Podrías hacer llegar ediciones continuas a cualquier punto del país y del planeta.[205]

Ramírez se refiere a Tascón como ese hombre de Ponferrada que conocía de primera mano las dificultades para que la prensa llegara cada día a la España más aislada.

Y los periódicos llegaron. Tascón, como siempre, tuvo razón. Llegan a cualquier punto, por remoto que sea. Lo que se queda por el camino es la realidad geográficamente variable. Una pérdida que era difícil proyectar desde la previsión de hace tres décadas, pero que ha dejado a multitud de urbes como receptoras de infinitas opciones informativas, pero sin capacidad para emitir sus mensajes con un rango lo suficientemente potente como para influir en la comunidad. Esa sequía de «asuntos propios» trae una dificultad extrema para emitir información nativa y conformar una masa crítica genuina.

Si desde Washington se ve Estados Unidos a través del monóculo que deforma la visión y da como espejismo un falso país calcado a la realidad capitalina, la representatividad mediática española —con todas las diferencias— acabó trucada por motivos similares. La presencia mayoritaria de medios instalados en el kilómetro cero —un hecho casi inherente—, se agiganta con la pérdida de relevancia

205 Ramírez, M. (2022). *El periódico.* Debate, pp. 16-17.

de aquellas cabeceras locales y regionales que fijaban una agenda genuina en el resto de territorios. Su efecto, lo conocemos: una caída bien brusca de atención respecto al resto de geografías.

Los avances tecnológicos y la prensa han sido siempre un asunto territorial con consecuencias. Por qué si no el periodista malagueño Casimiro Franquela cogería este señor cabreo en 1878 al constatar cómo los periódicos madrileños llegaban a Málaga antes que los locales, gracias al «tren correo que llega aquí a las ocho y cuarto», provocando que «a las ocho y media ya esté la ciudad inundada de periódicos madrileños que se venden fácilmente ya que a esa hora se halla todo el mundo en cafés, en círculos y teatros y todos acuden a los periódicos en demanda de noticias que los periódicos locales no pueden darles hasta el día siguiente».

Franquela se mantuvo francamente airado también en 1879:

> Tanto en la esfera social como en el orden político, tanto en la Administración como en las artes, como en todo, las provincias vienen haciendo desde hace largo tiempo el papel de parias: nadie se acuerda de ellas, si no es para exigirles el cumplimiento de sus deberes o para impetrar sus beneficios, pero olvidándolas o sin preocuparse por ellas cuando no se las necesita. Y esto, como mencioné antes, es general en todas las manifestaciones de la vida social, se hace más perceptible en las artes y aún más en las letras.[206]

Ese cambio de papel a digital, que entendíamos como un cambio en el estado de la materia, puede parecer que no ha alterado la representatividad de los territorios si solo se atiende a las cifras gruesas: los lectores de la edición

206 Botrel, J. F. (1993). «La prensa en las provincias: propuestas metodológicas para su estudio». En *Historia Contemporánea,* 8, p. 195.

impresa han caído, claro, y muchas de las cabeceras totémicas de nuestras ciudades han pasado en diez años de imprimir miles y miles de periódicos a apenas un puñado, por tanto han perdido su hegemonía física, pero en cambio se consuelan con récords de visitas, millones y millones de *clicks* en sus webs.

«El Diario de Nuestra Ciudad» saca pecho con el tráfico que miga a miga va acumulando, al estilo con el que los museos de arte contemporáneo más fallidos suman a los peatones que pasan por delante de su puerta y los consideran usuarios propios. ¡Récord de visitantes!

Esos millones y millones de visitas llevan a una apariencia: los mensajes que el Diario emite sobre Nuestra Ciudad siguen por tanto teniendo un gran público, siguen siendo recibidos por mayorías que los procesan y los incorporan a su valoración crítica sobre su localidad. El problema es que es una verdad a medias.

Julia Cagé depura el alud en *Salvar los medios de comunicación*:

> En el sitio de *Le Monde* el promedio de páginas vistas por visita es de solo cuatro y, asimismo, las noticias de actualidad en línea solo se sobrevuelan. Los internautas pasan en promedio menos de cinco minutos al día en un sitio web de prensa y consagran menos de un minuto por página. El tiempo mensual pasado por una persona en los sitios web de actualidad es de 54 minutos —20 minutos en el sitio de *Le Monde*—, lo que representa apenas unos minutos diarios. Solo 4,6 minutos en el sitio web del *New York Times.* Por el contrario, la consulta cotidiana de un diario impreso dura entre 25 y 35 minutos.

Su repaso es de 2015. En el transcurso de estos años ese tiempo de permanencia ha seguido menguando. Fuera de casos elevados como puede ser el de *Le Monde,* en las geografía intermedias —como la gran parte de periódicos provinciales españoles— el tiempo que le dedica el usuario de las principales cabeceras locales está entre uno y tres minutos totales al día. Para Estados Unidos el promedio de minutos de visita en los cincuenta periódicos más visitados fue de menos de dos minutos de promedio en 2020, cuarenta y cinco segundos menos que en 2014.[207]

Por puro fraccionamiento del consumo informativo, por homogeneización del tipo de contenidos, aquellos «asuntos propios» que nuestra ciudad conseguía colocar ante su propia ciudadanía orbitan ahora en una lucha cósmica. Si el contenido de nuestra ciudad corresponde a una fracción, el paso de un entorno de pocas fracciones a uno multifraccionado hace posible que se imponga lo que más se repite.

El resultado, la ciudad sin altavoz, la predominancia del fogonazo, la necesidad de epatar. La pérdida de una percepción común lleva a sobreactuar y a promocionar nuestra localidad con los trucos de una marca. El deseo de conservar un hilo de voz propia. Un minuto de atención.

Moda

«Me pone nervioso que intentemos reducir Barcelona a una marca (…) Una marca es una simplificación: trata de sintetizar una cuestión compleja para ponerse en el mercado y ser comprada (…) pero una ciudad es una cosa muy compleja, con millones de necesidades distintas», dice Toni Segarra, considerado el publicista español en activo más relevante.[208]

207 (2021). «Más visitantes únicos, menor tiempo de permanencia: la tendencia de los 50 principales medios en EEUU». *Laboratorio de Periodismo.* [En línea]. [1 de julio de 2021].

208 Saborit, Sergi. (2023). «La marca Barcelona es ganadora en la carrera por atraer al mejor talento internacional». *The New Barcelona Post.* [En línea]. [27 de febrero de 2023].

Inditex, H&M o Uniqlo saben de qué van las relaciones actuales con la calle. Llevan años calcando —o configurando— el comportamiento de los consumidores y ofreciendo ágilmente aquello que piden. Han entendido las nuevas dinámicas de atención en el entorno urbano. Qué pueden esperar, qué procuran fomentar, cómo comunicar.

Por resumir: ya no desean tener muchas tiendas en muchos sitios, sino pocas tiendas en lugares paradigmáticos. Tiendas más grandes, más capitales, más concentradas. Algunas con cafeterías, otras con peluquerías. Aspiran, antes que cualquier otra cosa, a seducir y para ello necesitan estar en entornos aglutinadores con altos grados de concentración.

Si en el H&M de Regent Street se vanaglorian de tener la pantalla de televisión más grande de Europa (¿es que su encargado es Abel Caballero?), en Castellón, Inditex anunció que cerraba el Zara de la plaza Santa Clara.[209] La repercusión tuvo el mismo eco que si le extirparan un órgano vital. Un obelisco caído. Durante treinta y dos años había acompañado a la ciudad, desde los antiguos almacenes Lemon. La decisión «supone un golpe en la línea de flotación», cuentan los diarios locales.[210] La cuestión se elevó hasta tal punto que la alcaldesa castellonense pidió una reunión con Inditex para buscar soluciones. «No nos robaréis el Zara», faltó que le pidiera a Amancio Ortega. El portavoz del ayuntamiento señaló: «Creemos que los castellonenses merecen y quieren una explicación».

Tampoco es una anécdota. Es un espejo del funcionamiento de las ciudades en el circuito global. Es la aglome-

209 Molins, Vicent. (2024). «Los cierres de Inditex (y sus nuevas tiendas) lanzan un mensaje al centro de València». *Valencia Plaza*. [En línea]. [17 de febrero de 2024].

210 Olivares, Ramón. (2023). «Adiós al buque insignia del comercio en el centro de Castelló: Zara cierra la tienda de Santa Clara». *Castellón Plaza*. [En línea]. [27 de octubre de 2023].

ración. Inditex cerró durante 2023 casi 600 tiendas, en un plan que solo ha hecho más que empezar. ¿Por una crisis comercial? No, todo lo contrario. Sus resultados no paran de escalar. Se trata de otra cosa: lo que forma parte del cambio es su relación con la ciudadanía de pie, en tránsito.

Las transacciones llegarán por internet. En la ciudad aspiran a generar un escaparate gigante de su propia marca, no tanto de sus productos. Un gran propósito: gustar. «Son como destinos turísticos», afina la analista de activos Patricia Cifuentes.[211] Han cerrado multitud de tiendas, como si soltaran lastre, y en cambio han aumentado sus ingresos.

Pero no, una ciudad tampoco es una marca de ropa. Tampoco puede serlo, tampoco puede dejarse llevar solo por las tendencias del mercado, como si su plaza mayor fuera un gran espectáculo y sus calles las etapas de un *scroll* infinito. Su *stock* —aquello que ofrece como urbe— es limitado: no permite complacer a la demanda infinitamente.

Cuando veas los Zaras de tus vecinos cerrar, pon tus centros a funcionar. Repetir como un adicto a Fitur que si la ciudad logra muchos más visitantes que el año pasado es que la marca vende, asumir que cualquier treta luminosa dejará en la ciudad un impacto económico estratosférico, que la visibilidad de la ciudad se disparará, forma parte de una narrativa homeopática. Como indica Toni Segarra, acostumbrado a sacar lustre a las mejores marcas, una ciudad no pertenece a ese mundo. Debe usar algunas de sus técnicas, pero no confundirlas con su razón de ser.

> «Zaragoza es la ciudad de moda para visitar en otoño, según eBooking» *(Heraldo de Aragón)*[212]

---

211 Moss, Trefor. (2023). «Por qué los Zara y H&M se parecen cada vez más a una Apple Store». *El Confidencial*. [En línea]. [9 de diciembre de 2023].
212 Arnedo, Laura. (2023). «Zaragoza es la ciudad de moda para visitar en otoño, según eBooking». *El Heraldo de Aragón*. [En línea]. [Viernes, 3/11/23].

«Valladolid está de moda y es una ciudad que engancha» *(El Norte de Castilla)*[213]

«Vigo, destino de moda» *(Faro de Vigo)*[214]

«València está de moda, los motivos de ser uno de los destinos más deseados en 2022» *(València Plaza)*[215]

«Mallorca, la isla de moda para los europeos» *(Última Hora)*[216]

«Cádiz, la ciudad española de moda según el "New York Times"» *(Cinco Días)*[217]

«Madrid está de moda como gran destino vacacional y lo seguirá estando» *(Okdiario)*[218]

«De la "ciudad del paraíso" a la ciudad redonda: Málaga está de moda y los «techies» de todo el mundo lo saben» *(El Mundo)*[219]

«Santander, la ciudad innovadora que se ha puesto de moda» *(Cinco Días)*[220]

«Vitoria está de moda para el turismo» *(Gasteiz Hoy)*[221]

«Alicante está de moda: recibe un 58,7 % más de turistas en 2023» *(El Español)*[222]

---

213 Ortega, Patricia. (2018). «Valladolid está de moda y es una ciudad que engancha». *El Norte de Castilla.* [En línea]. [Martes, 4 de septiembre de 2018].
214 Currás, Víctor P. (2022). «Vigo, destino de moda». *El Faro de Vigo.* [En línea]. [31 de diciembre de 2022].
215 Beneyto, Vicky. (2022). «València está de moda, los motivos de ser uno de los destinos más deseados en 2022». *Valencia Plaza.* [En línea]. [19 de enero de 2022].
216 Ruiz Collado, J. L. (2022). «Mallorca, la isla de moda para los europeos». *Última Hora.* [En línea]. [24 de abril de 2022].
217 Muñoz Vita, Ana. (2019). «Cádiz, la ciudad española de moda según el *New York Times*». *Cinco Días.* [En línea]. [10 de enero de 2019].
218 Martínez, Daniel. (2023). «Madrid está de moda como gran destino vacacional y lo seguirá estando». *Okdiario.* [En línea]. [3 de julio de 2023].
219 Rodríguez, Chema. (2022). «De la "ciudad del paraíso" a la ciudad redonda: Málaga está de moda y los "techies" de todo el mundo lo saben». *El Mundo.* [En línea]. [27 de diciembre de 2022].
220 Redondo, Marce. (2018). «Santander, la ciudad innovadora que se ha puesto de moda». *Cinco Días.* [En línea]. [29 de diciembre de 2018].
221 Gatón, Natxo. (2023). «Vitoria está de moda para el turismo: ¿Por qué?». *Gasteiz Hoy.* [En línea]. [9 de abril de 2023].
222 (2024).«Alicante está de moda: recibe un 58,7 % más de turistas en 2023, según el operador Civitatis». *El Español.* [En línea]. [28 de enero de 2024].

«Page pide "dejarse la piel para poner muy de moda" Cuenca en 2023» *(Las Noticias de Cuenca)*[223]

Todas las ciudades españolas están de moda, aunque ninguna a partir de la apelación a sus ciudadanos, sino por la atracción al prójimo. ¿Están de moda por qué? ¿Están de moda para quién? ¿De verdad están de moda?

Quedará para la nueva historia que, en el período donde se recrudeció con más fuerza la dificultad para acceder a la vivienda para millones de españoles, sus ciudades estuvieran hablando sin parar de lo mucho que estaban de moda. Por supuesto, la vivienda no formaba parte de sus narrativas centrales. Teníamos mejores cosas que hacer. Ante la obsesión por no perder el tren y situarse en el mapa, buena parte de ellas olvidaron que la ciudad o la haces o te la hacen. Como en un karaoke, cantaron imitando a las grandes metrópolis mundiales. Resultó grotesco, pero sobre todo resultó peligroso en cuanto a que provocó la desatención de buena parte de las necesidades ciudadanas. Nuestros «sistemas ciudad» estaban cegados por los trucos de magia.

El economista y experto en vivienda Ignacio Ezquiaga —autor de *El sistema ya no financia burbujas*— señala al nivel local cuando le preguntan por qué en España se construye tan poca VPO. «Porque [los ayuntamientos] no quieren. El instrumento lo tienen. ¿Qué han hecho con esos suelos? En las ciudades, aunque no en la ciudad consolidada, ves un montón de solares y muchos son municipales. ¿Por qué no se hace VPO? Igual que se cede suelo para un colegio concertado, ¿por qué no se cede para protección oficial? ¿Por qué no se hacen decenas de miles de viviendas? (...) Los ayuntamientos se han alejado de

223 EFE. «Page pide "dejarse la piel para poner muy de moda" Cuenca en 2023». *Las Noticias de Cuenca.* [En línea]. [16 de noviembre de 2022].

su mandato de crear suelos a coste cero para poder crear viviendas», teniendo en cuenta que «disponen de la llave: las leyes del suelo establecen la obligatoriedad de ceder gratuitamente en cada promoción, al menos, el 10 % del aprovechamiento para vivienda protegida y otros usos de interés social».[224] «Los ayuntamientos se han olvidado de para qué era el suelo».[225]

Con excepciones, eso sí. El ayuntamiento de Madrid, en 2013, vendió 18 promociones con 1 860 viviendas públicas a dos fondos buitres propiedad de Blackstone por una cantidad total de 128 500 000 euros. Suponía vender un tercio de la vivienda pública del municipio. El argumento oficioso fue que sobraban viviendas públicas y era buen momento para hacer caja.[226]

Es apabullante la ausencia del marco de la vivienda en la conversación sobre nuestras ciudades en los últimos diez años. Nuestros relatos procuraban hablar del *gustar* en lugar del *habitar*.

Las ciudades españolas deben rehacer sus mitos, contar historias alrededor de la hoguera que incluyan a sus comunidades, mensajes que incorporen su cohesión social, la calidad de su espacio público, el acceso a la vivienda, sus estrategias regionales o conexiones con otros espacios de influencia. No solo *renders*. Considerar que a una ciudad le va bien cuando a la mayoría de sus ciudadanos les va bien.

Mostrarse como una marca puede ser una tentación razonable, ejercitarse como una ciudad hecha de ciudadanos

224 Ezquiaga, Ignacio. (2024). «Crisis de vivienda en la España de los descampados». *Cinco Días.* [En línea]. [25 de octubre de 2024].
225 Sánchez, Carlos. (2024). «Ezquiaga: "¿Por qué no se hacen VPO? Porque los ayuntamientos no quieren"». *El Confidencial.* [En línea]. [12 de abril de 2024].
226 García, Jacobo. (2024). «De cuando a Madrid le sobraban los pisos de protección oficial». *El País.* [En línea]. [29 de octubre de 2024].

es una necesidad inaplazable. Sus suscriptores, que son quienes las habitamos, merecemos vivirlas sin *banners* inmensos y alertas que interrumpan la navegación. Si leemos nuestra ciudad a golpe de *clickbait*, seremos solo usuarios *zombies* desvinculados de cualquier lugar, suplicando un chute más de dopamina.

La buena ciudad es el antídoto.

Agradecimientos

A Sergio Andrés Caballero, Ramon Aymerich y Jorge Dioni por su generosidad.

A Matt Soler, por animar las ideas.

Desde Barlin Libros agradecemos
tu interés por *Ciudad Clickbait.*
Para enterarte de todas nuestras
novedades y publicaciones
no dudes en visitarnos en:

www.barlinlibros.org

Y seguirnos en:
@barlinlibros

Asimismo, te invitamos a trasladarnos
cualquier consulta, duda, comentario
o sugerencia a través de nuestro e-mail:

editorial@barlinlibros.org